合格テキスト

よくわかる簿記シリーズ

TEXT

日商簿記1級

工業簿記・原価計算

❖ はしがき

現代はＩＴ社会といわれるように，情報・通信技術の飛躍的な発達にはめざましいものがあり，企業経営においても合理化・効率化や，より戦略的な活動の推進のためＩＴ技術の積極的な導入が図られています。とりわけ経理分野では，コンピュータの利用により，簿記の知識はもはや不要とすらいわれることもあります。しかし，これらの情報機器は計算・集計・伝達のツールであり，得られたデータを生かすには簿記会計の知識をもった人の判断が必要であることを忘れてはなりません。

また，国境という垣根のないグローバル社会を迎え，企業は世界規模での戦略的経営を要求されるようになっています。ビジネスパーソンにとっては財務や経営に関する基礎知識は必須のものとなりつつありますが，簿記会計を学習することによりその土台を習得することができます。

本書は，日本商工会議所主催簿記検定試験の受験対策用として，ＴＡＣ簿記検定講座で使用中の教室講座，通信講座の教材をもとに，長年蓄積してきたノウハウを集約したものであり，「合格する」ことを第一の目的において編集したものです。特に，読者の皆さんがこの一冊で教室と同じ学習効果を上げられるように，次のような工夫をしています。

1．学習内容を具体的に理解できるよう図解や表を多く使って説明しています。
2．各論点の説明に続けて『設例』を設け，論点の理解が問題の解法に直結するように配慮しています。
3．より上級に属する研究的な論点や補足・参考的な論点は別枠で明示し，受験対策上，重要なものを効率よく学習できるように配慮してあります。
4．本書のテーマに完全準拠した問題集『合格トレーニング』を用意し，基礎力の充実や実践力の養成に役立てるようにしました。

なお，昨今の会計基準および関係法令の改定・改正にともない，日商簿記検定の出題区分も随時変更されています。本書はＴＡＣ簿記検定講座と連動することで，それらにいちはやく対応し，つねに最新の情報を提供しています。

本書を活用していただければ，読者の皆さんが検定試験に合格できるだけの実力を必ず身につけられるものと確信しています。また，本書は受験用としてばかりでなく，簿記会計の知識を習得したいと考えている学生，社会人の方にも最適の一冊と考えています。

現在，日本の企業は国際競争の真っ只中にあり，いずれの企業も実力のある人材，とりわけ簿記会計の知識を身につけた有用な人材を求めています。読者の皆さんが本書を活用することで，簿記検定試験に合格し，将来の日本を担う人材として成長されることを心から願っています。

2023年10月

ＴＡＣ簿記検定講座

Ver. 8.0 刊行について

本書は，『合格テキスト　日商簿記１級　工原Ｉ』Ver. 7.0について，最近の試験傾向に対応するために改訂を行ったものです。

❖本書の使い方

本書は，日商簿記検定試験に合格することを最大の目的として編纂しました。本書は，TAC簿記検定講座が教室講座の運営をとおして構築したノウハウの集大成です。

本書の特徴は次のような点であり，きっとご満足いただけるものと確信しています。

各テーマの冒頭にそのテーマで学習する範囲を示してありますので，事前に学習範囲を知ることができます。

論点などを理解するために必要な内容をテーマごとにまとめましたので，無駄のない学習を行うことができます。

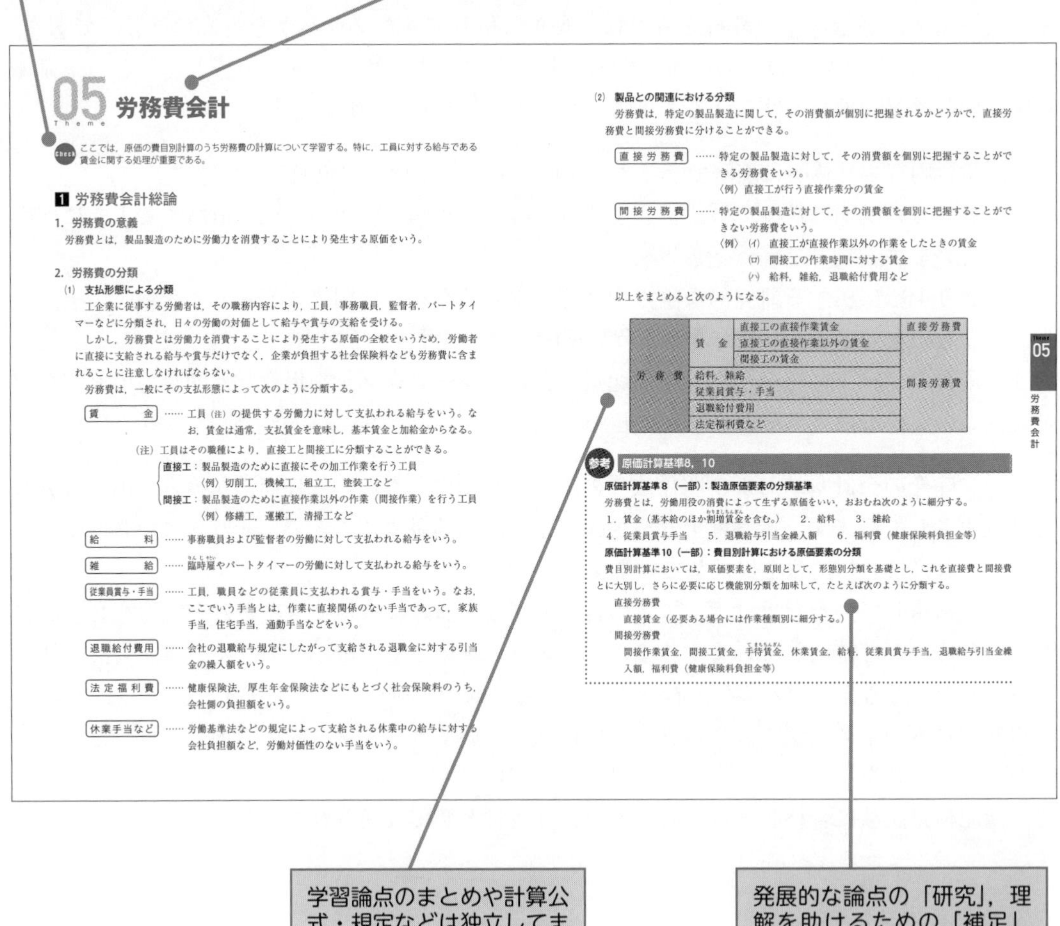

05 Theme 労務費会計

Check ここでは，原価の費目別計算のうち労務費の計算について学習する。特に，工員に対する給与である賃金に関する処理が重要である。

■1 労務費会計総論

1. 労務費の意義

労務費とは，製品製造のために労働力を消費することにより発生する原価をいう。

2. 労務費の分類

(1) 支払形態による分類

工企業に従事する労働者は，その職務内容により，工員，事務職員，監督者，パートタイマーなどに分類され，日々の労働の対価として給与や賞与の支給を受ける。

しかし，労務費とは労働力を消費することにより発生する原価の全般をいうため，労働者に直接に支給される給与や賞与だけでなく，企業が負担する社会保険料なども労務費に含まれることに注意しなければならない。

労務費は，一般にその支払形態によって次のように分類する。

賃金 …… 工員（注）の提供する労働力に対して支払われる給与をいう。なお，賃金は通常，支払賃金を意味し，基本賃金と加給金からなる。

（注）工員はその職種により，直接工と間接工に分類することができる。
直接工：製品製造のために直接にその加工作業を行う工員
〈例〉切削工，機械工，組立工，塗装工など
間接工：製品製造のために直接作業以外の作業（間接作業）を行う工員
〈例〉修繕工，運搬工，清掃工など

給料 …… 事務職員および監督者の労働に対して支払われる給与をいう。

雑給 …… 臨時雇（りんじやとい）やパートタイマーの労働に対して支払われる給与をいう。

従業員賞与・手当 …… 工員，職員などの従業員に支払われる賞与・手当をいう。なお，ここでいう手当とは，作業に直接関係のない手当であって，家族手当，住宅手当，通勤手当などをいう。

退職給付費用 …… 会社の退職給与規定にしたがって支給される退職金に対する引当金の繰入額をいう。

法定福利費 …… 健康保険法，厚生年金保険法などにもとづく社会保険料のうち，会社側の負担額をいう。

休業手当など …… 労働基準法などの規定によって支給される休業中の給与に対する会社負担額など，労働対価性のない手当をいう。

(2) 製品との関連における分類

労務費は，特定の製品製造に関して，その消費額が個別に把握されるかどうかで，直接労務費と間接労務費に分けることができる。

直接労務費 …… 特定の製品製造に対して，その消費額を個別に把握することができる労務費をいう。
〈例〉直接工が行う直接作業分の賃金

間接労務費 …… 特定の製品製造に対して，その消費額を個別に把握することができない労務費をいう。
〈例〉(イ) 直接工が直接作業以外の作業をしたときの賃金
(ロ) 間接工の作業時間に対する賃金
(ハ) 給料，雑給，退職給付費用など

以上をまとめると次のようになる。

労務費	賃金	直接工の直接作業賃金	直接労務費
		直接工の直接作業以外の賃金	間接労務費
		間接工の賃金	
	給料，雑給		
	従業員賞与・手当		
	退職給付費用		
	法定福利費など		

参考 原価計算基準8，10

原価計算基準8（一部）：製造原価要素の分類基準

労務費とは，労働用役の消費によって生ずる原価をいい，おおむね次のように細分する。

1．賃金（基本給のほか割増賃金（わりましちんぎん）を含む。）　2．給料　3．雑給
4．従業員賞与手当　5．退職給与引当金繰入額　6．福利費（健康保険料負担金等）

原価計算基準10（一部）：費目別計算における原価要素の分類

費目別計算においては，原価要素を，原則として，形態別分類を基礎とし，これを直接費と間接費とに大別し，さらに必要に応じ機能別分類を加味して，たとえば次のように分類する。

直接労務費
直接賃金（必要ある場合には作業種類別に細分する。）
間接労務費
間接作業賃金，間接工賃金，手待賃金（てまちちんぎん），休業賃金，給料，従業員賞与手当，退職給与引当金繰入額，福利費（健康保険料負担金等）

Theme 05 労務費会計

学習論点のまとめや計算公式・規定などは独立してまとめてありますので，暗記をする場合に便利になっています。

発展的な論点の「研究」，理解を助けるための「補足」，予備的な知識の「参考」などにより，総合的な理解ができるようになっています。

なお，より簿記の理解を高めるため，本書に沿って編集されている問題集『合格トレーニング』を同時に解かれることをおすすめします。

TAC簿記検定講座スタッフ一同

論点説明の確認用に「設例」を示してありますので，これにしたがって学習を進めることで理解度をチェックできます。

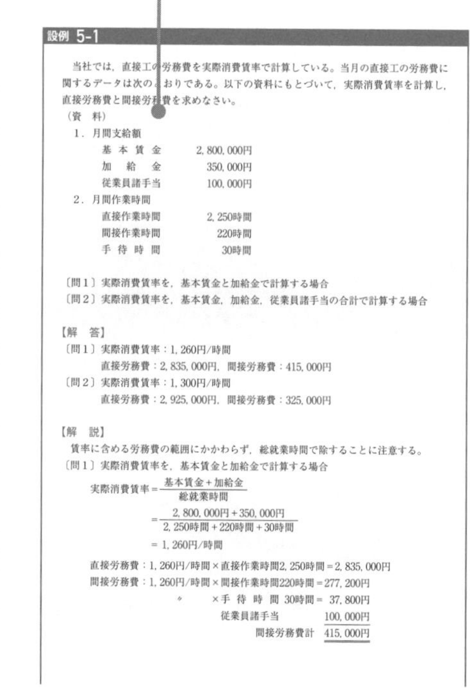

設例 5-1

当社では，直接工の労務費を実際消費賃率で計算している。当月の直接工の労務費に関するデータは次のとおりである。以下の資料にもとづいて，実際消費賃率を計算し，直接労務費と間接労務費を求めなさい。

（資　料）

1．月間支給額

基本賃金	2, 800, 000円
加給金	350, 000円
従業員諸手当	100, 000円

2．月間作業時間

直接作業時間	2, 250時間
間接作業時間	220時間
手待時間	30時間

〔問１〕実際消費賃率を，基本賃金と加給金で計算する場合
〔問２〕実際消費賃率を，基本賃金，加給金，従業員諸手当の合計で計算する場合

【解　答】

〔問１〕実際消費賃率：1, 260円/時間
直接労務費：2, 835, 000円，間接労務費：415, 000円
〔問２〕実際消費賃率：1, 300円/時間
直接労務費：2, 925, 000円，間接労務費：325, 000円

【解　説】

賃率に含める労務費の範囲にかかわらず，総就業時間で除することに注意する。

〔問１〕実際消費賃率を，基本賃金と加給金で計算する場合

$$実際消費賃率=\frac{基本賃金+加給金}{総就業時間}=\frac{2,800,000円+350,000円}{2,250時間+220時間+30時間}=1,260円/時間$$

直接労務費：1, 260円/時間×直接作業時間2, 250時間＝2, 835, 000円
間接労務費：1, 260円/時間×間接作業時間220時間＝277, 200円
〃　×手待時間 30時間＝ 37, 800円
従業員諸手当　100, 000円
間接労務費計　415, 000円

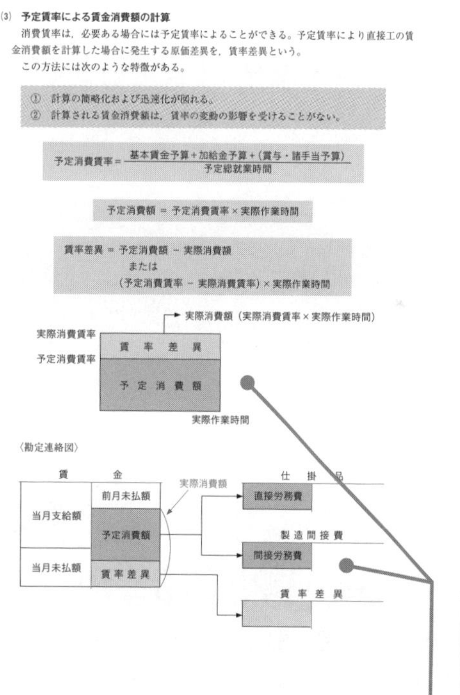

(3) **予定賃率による賃金消費額の計算**

消費賃率は，必要ある場合には予定賃率によることができる。予定賃率により直接工の賃金消費額を計算した場合に発生する原価差異を，賃率差異という。

この方法には次のような特徴がある。

① 計算の簡略化および迅速化が図れる。
② 計算される賃金消費額は，賃率の変動の影響を受けることがない。

$$予定消費賃率=\frac{基本賃金予算+加給金予算+（賞与・諸手当予算）}{予定総就業時間}$$

予定消費額 ＝ 予定消費賃率×実際作業時間

賃率差異 ＝ 予定消費額 － 実際消費額
または
（予定消費賃率 － 実際消費賃率）×実際作業時間

〈勘定連絡図〉

適宜に図解や表を示してありますので，学習内容を容易に理解することができます。

❖ 合格までのプロセス

本書は，合格することを第一の目的として編集しておりますが，学習にあたっては次の点に注意してください。

1．段階的な学習を意識する

学習方法には個人差がありますが，検定試験における「合格までのプロセス」は，次の3段階に分けることができます。各段階の学習を確実に進めて，合格を勝ち取りましょう。

学習プロセス	学習方法	注意すべきこと
論点学習	『合格テキスト』に従って個別論点を学習し，さらにアウトプットとして『合格トレーニング』を解きながら基礎知識を確認します。	一つ一つの論点について，理解することが重要です。時間がなくても『合格テキスト』に収録されている「設例」は必ず解きましょう。
パターン学習	本試験の形式に慣れるために過去問題を解きます。姉妹本『合格するための過去問題集』をご利用ください。	5～10回分の過去問題を解きましょう。間違えてもよいので，必ず解くようにしましょう。
直前対策	直前対策として予想問題を解きます。姉妹本『TAC直前予想模試』をご利用ください。	制限時間内に解くようにしましょう。同時に過去問題（一度解いた問題）を解くと効果的です。

↓

合　格

2．簿記は習うより慣れろ

簿記は問題を解くことで理解が深まりますので，読むだけでなく実際にペンを握ってより多くの問題を解くようにしましょう。

3．学習計画を立てる

検定試験を受験するにあたり，学習計画を事前に立てておく必要があります。日々の積み重ねが合格への近道です。学習日程を作り，一夜漬けにならないように気をつけましょう（「論点学習計画表」は（11）ページに掲載していますので，ご利用ください）。

学習テーマ	計　画	実　施
テーマ01　総　　論	月　　日	月　　日
テーマ02　原価記録と財務諸表	月　　日	月　　日
テーマ03　個別原価計算	月　　日	月　　日
テーマ04　材料費会計	月　　日	月　　日
テーマ05　労務費会計	月　　日	月　　日
テーマ06　経費会計	月　　日	月　　日
テーマ07　製造間接費会計	月　　日	月　　日
テーマ08　原価の部門別計算（Ⅰ）	月　　日	月　　日
テーマ09　原価の部門別計算（Ⅱ）	月　　日	月　　日
テー	月　　日	月

● 学習サポートについて ●

ＴＡＣ簿記検定講座では，皆さんの学習をサポートするために受験相談窓口を開設しております。ご相談は文書にて承っております。住所，氏名，電話番号を明記の上，返信用切手110円を同封し下記の住所までお送りください。なお，返信までは７～10日前後必要となりますので，予めご了承ください。

〒101-8383　東京都千代田区神田三崎町３－２－18
資格の学校ＴＡＣ　簿記検定講座講師室　「受験相談係」宛

（注）受験相談窓口につき書籍に関するご質問はご容赦ください。

個人情報の取扱いにつきまして

1．個人情報取扱事業者の名称
TAC 株式会社
代表取締役　多田　敏男

2．個人情報保護管理者
個人情報保護管理室　室長
連絡先　privacy@tac-school.co.jp

3．管理
学習サポートに伴いご提供頂きました個人情報は、安全かつ厳密に管理いたします。

4．利用目的
お預かりいたしました個人情報は、学習サポートに関して利用します。ただし、取得した閲覧履歴や購買履歴等の情報は、サービスの研究開発等に利用及び興味・関心に応じた広告やサービスの提供にも利用する場合がございます。

5．安全対策の措置について
お預かりいたしました個人情報は、正確性及びその利用の安全性の確保のため、情報セキュリティ対策を始めとする必要な安全措置を講じます。

6．第三者提供について
お預かりいたしました個人情報は、お客様の同意なしに業務委託先以外の第三者に開示、提供することはありません。（ただし、法令等により開示を求められた場合を除く。）

7．個人情報の取扱いの委託について
お預かりいたしました個人情報を業務委託する場合があります。

8．情報の開示等について
ご提供いただいた個人情報の利用目的の通知、開示、訂正、削除、利用又は提供の停止等を請求することができます。請求される場合は、当社所定の書類及びご本人確認書類のご提出をお願いいたします。詳しくは、下記の窓口までご相談ください。

9．個人情報提供の任意性について
当社への個人情報の提供は任意です。ただし、サービスに必要な個人情報がご提供いただけない場合等は、円滑なサービスのご提供に支障をきたす可能性があります。あらかじめご了承ください。

10．その他
個人情報のお取扱いの詳細は、TAC ホームページをご参照ください。
https://www.tac-school.co.jp

11．個人情報に関する問合せ窓口
TAC 株式会社　個人情報保護管理室
住所：東京都千代田区神田三崎町 3-2-18
E メール：privacy@tac-school.co.jp

❖効率的な学習方法

これから学習を始めるにあたり，試験の出題傾向にあわせた効率的な学習方法について見てみましょう。

1．科目と配点基準

日商簿記１級検定試験は，商業簿記・会計学・工業簿記・原価計算の４科目が出題され，各科目とも25点満点で合計100点満点となります。合計得点が70点以上で合格となりますが，１科目でも得点が10点未満の場合には合計点が70点以上であっても不合格となるため，合否判定においても非常に厳しい試験になっています。したがって各科目をバランスよく学習することが大切であり，苦手科目を極力作らないことが合格のための必要条件といえます。

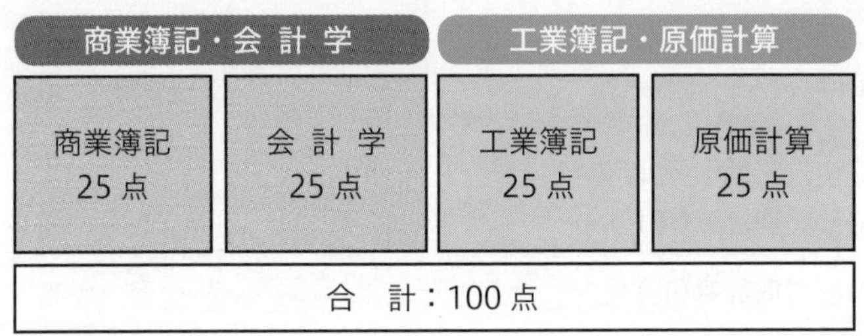

2．出題傾向と対策

⑴　商業簿記・会計学

①　はじめに

商業簿記・会計学の最近の試験傾向としては，商業簿記の損益計算書または貸借対照表完成の「総合問題」と会計学の「理論問題」を除き，その区別がなくなってきています。

したがって，商業簿記対策，会計学対策というパターンで学習するよりも，「個別問題対策」，「理論問題対策」，「総合問題対策」というパターンで学習するのが，効果的であるといえます。

科　目	出題分野	出題パターン
商業簿記 会計学	個別会計	個別問題
		理論問題
		総合問題
	企業結合会計	個別問題
		理論問題
		総合問題

②　各問題ごとの学習法

㈠　個別会計について

ここでは，個々の企業が行った取引にもとづき，期中の会計処理や個々の企業ごとの財務諸表を作成する手続きなどを学習します。学習項目は，各論点ごとの個別問題対策が中心となりますが，各論点ごとの学習と並行して，理論問題対策や学習済みの論点を含めた総合問題対策もトレーニングなどで確認するようにしましょう。

(ロ) 企業結合会計について

ここでは，本支店会計，合併会計，連結会計といったいわゆる企業結合会計を学習します。この論点についても出題形式としては，個別問題，理論問題，総合問題の３パターンが考えられますが，理論問題や総合問題としての特殊性はあまりないので，個別問題対策をしっかりやっておけば理論問題や総合問題でも通用するはずです。ただし，出題頻度の高い論点なので，十分な学習が必要です。

(2) 工業簿記・原価計算

科目	出題パターン
工業簿記	勘定記入
	財務諸表作成
原価計算	数値の算定

現在の日商１級の工業簿記・原価計算は科目こそ分かれていますが，出題される内容自体は原価計算です。したがって科目別の対策というよりも，論点ごとの対策を考えたほうが合理的です。

① 個別原価計算

工業簿記において，勘定記入形式での出題が中心です。

工業簿記の基本的な勘定体系をしっかりと把握し，原価計算表と勘定記入の関係を押さえましょう。そのうえで，必須の論点である部門別計算を重点的に学習しましょう。

② 総合原価計算

主に工業簿記において出題されます。

仕損・減損の処理は１級の総合原価計算においては基本的事項ですから，確実に計算できるようによく練習しておきましょう。

また，そのうえで，工程別総合原価計算，組別総合原価計算，等級別総合原価計算，連産品の計算などの応用論点をしっかりとマスターしましょう。

③ 標準原価計算

工業簿記において，勘定記入形式での出題が中心です。

標準原価計算における仕掛品の勘定記入法をしっかりと把握したうえで，仕損・減損が生じる場合の計算，標準工程別総合原価計算，配合差異・歩留差異の分析を勘定記入と併せて重点的にマスターしましょう。

④ 直接原価計算

直接原価計算については，工業簿記において，財務諸表作成での出題が中心です。直接原価計算の計算の仕組みをしっかりとつかんで，特に直接標準原価計算方式の損益計算書のひな型を正確に覚え，スムーズに作成できるようにしましょう。

⑤ ＣＶＰ分析・意思決定など

ＣＶＰ分析，業績評価，業務執行的意思決定，構造的意思決定については，原価計算において，数値算定形式での出題が中心です。個々の論点における計算方法を一つ一つしっかりとマスターしましょう。

❖ 試験概要

現在，実施されている簿記検定試験の中で最も規模が大きく，また歴史も古い検定試験が，日本商工会議所が主催する簿記検定試験です（略して日商検定といいます）。

日商検定は知名度も高く企業の人事労務担当者にも広く知れ渡っている資格の一つです。一般に履歴書に書ける資格といわれているのは同検定３級からですが，社会的な要請からも今は２級合格が一つの目安になっています。なお，同検定１級合格者には税理士試験（税法に属する試験科目）の受験資格を付与するという特典があり，職業会計人の登竜門となっています。

級　別	科　　目	制限時間	程　　　　度
１級	商業簿記 会 計 学 工業簿記 原価計算	〈商・会〉 90分 〈工・原〉 90分	極めて高度な商業簿記・会計学・工業簿記・原価計算を修得し，会計基準や会社法，財務諸表等規則などの企業会計に関する法規を踏まえて，経営管理や経営分析を行うために求められるレベル。
２級	商業簿記 工業簿記	90分	高度な商業簿記・工業簿記（原価計算を含む）を修得し，財務諸表の数字から経営内容を把握できるなど，企業活動や会計実務を踏まえ適切な処理や分析を行うために求められるレベル。
３級	商業簿記	60分	基本的な商業簿記を修得し，小規模企業における企業活動や会計実務を踏まえ，経理関連書類の適切な処理を行うために求められるレベル。
簿記初級	商業簿記	40分	簿記の基本用語や複式簿記の仕組みを理解し，業務に利活用することができる。（試験方式：ネット試験）
原価計算 初　　級	原価計算	40分	原価計算の基本用語や原価と利益の関係を分析・理解し，業務に利活用することができる。 （試験方式：ネット試験）

各級とも100点満点のうち70点以上を得点すれば合格となります。ただし，１級については各科目25点満点のうち，１科目の得点が10点未満であるときは，たとえ合計が70点以上であっても不合格となります。

主 催 団 体	日本商工会議所，各地商工会議所
受 験 資 格	特に制限なし
試　験　日	統一試験：年３回　６月（第２日曜日）／11月（第３日曜日）／２月（第４日曜日） ネット試験：随時（テストセンターが定める日時） ※　１級は６月・11月のみ実施。
試　験　級	１級・２級・３級・簿記初級・原価計算初級
申 込 方 法	統一試験：試験の約２か月前から開始。申込期間は各商工会議所により異なります。 ネット試験：テストセンターの申込サイトより随時。
受験料(税込)	１級 ¥8,800　２級 ¥5,500　３級 ¥3,300　簿記初級・原価計算初級 ¥2,200 ※　一部の商工会議所およびネット試験では事務手数料がかかります。
問い合せ先	最寄りの各地商工会議所にお問い合わせください。 検定試験ホームページ：https://www.kentei.ne.jp/

※　刊行時のデータです。最新の情報は検定試験ホームページをご確認ください。

❖ 論点学習計画表

学習テーマ	計画	実施
テーマ01 総　　論	月　日	月　日
テーマ02 原価記録と財務諸表	月　日	月　日
テーマ03 個別原価計算	月　日	月　日
テーマ04 材料費会計	月　日	月　日
テーマ05 労務費会計	月　日	月　日
テーマ06 経費会計	月　日	月　日
テーマ07 製造間接費会計	月　日	月　日
テーマ08 原価の部門別計算（Ⅰ）	月　日	月　日
テーマ09 原価の部門別計算（Ⅱ）	月　日	月　日
テーマ10 個別原価計算における仕損	月　日	月　日

※　おおむね１～２か月程度で論点学習を終えるようにしましょう。

合格テキスト　日商簿記１級　工業簿記・原価計算Ⅰ　CONTENTS

合格テキスト

日商簿記1級

工業簿記・原価計算 Ⅰ

Theme 01 総　論

Check ここでは，日商簿記１級の工業簿記・原価計算の学習を始めるにあたって，その学習範囲の全体像と，原価計算についての基礎知識を学習する。

1 日商簿記１級工業簿記・原価計算で学ぶこと

われわれが簿記検定で学習している企業会計とは，情報を提供された者が適切な判断と意思決定が行えるように，企業の経営活動を貨幣額により記録・計算・整理し，その結果を報告するものである。

そして，企業会計は情報の提供先の相違により，企業外部の利害関係者に対して情報を提供する『財務会計』と，企業内部の利害関係者（すなわち経営管理者）に対して情報を提供する『管理会計』に分類される。

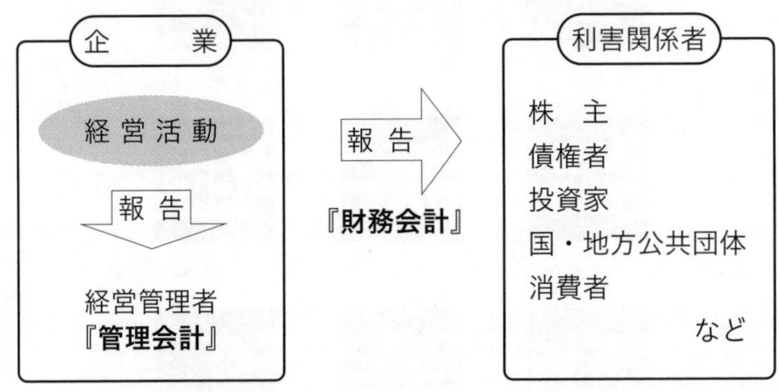

『財務会計』では，利害関係者に対して公開財務諸表を通じて提供される原価の情報が必要となり，『管理会計』では，企業内部の各階層の経営管理者に対して経営管理を適切に行うために必要な原価や利益に関する情報が必要とされる。

そこで，これら企業内外の利害関係者に対して『原価や利益に関するさまざまな情報を提供するためのツール（道具）』こそが原価計算であり，その学習領域は，工企業の製品原価を算定することだけに限定されるものではない。

日商簿記１級の工業簿記・原価計算では，『財務会計』を前提とした工企業の会計（複式簿記と結びついた会計制度＝工業簿記）だけではなく，『管理会計』の領域についても幅広く学習していくことになる。

なお，検定試験では『工業簿記』と『原価計算』の２科目が出題されるが，上記のうち，『財務会計』を前提とした問題（勘定記入や財務諸表作成など）が主に『工業簿記』で出題され，『管理会計』を前提とした問題（利益計画，業績評価，経営意思決定などの数値計算問題）が主に『原価計算』で出題される。

2 原価計算の意義と目的

原価計算とは，企業内外の利害関係者に対して，企業の経営活動によって発生する原価や利益に関する経済的情報を企業の生産物（給付）などに結びつけて提供する理論と技術をいう。

したがって，利害関係者が必要とする情報の種類が異なれば，その目的に応じた原価情報が提供されることになり，この観点から原価計算を分類すると次のようになる。

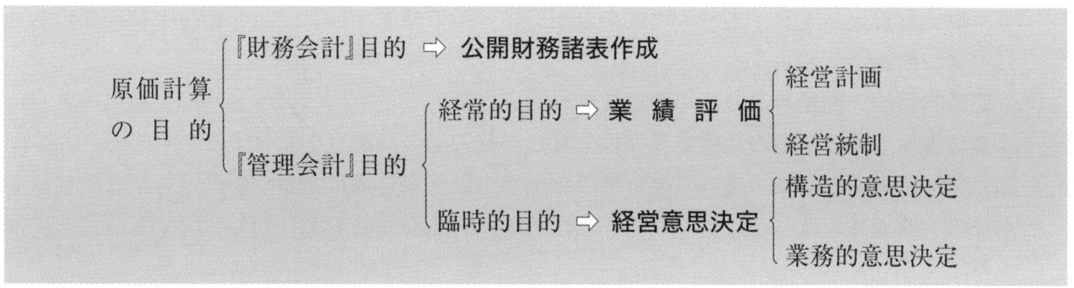

1．『財務会計』目的（企業外部の利害関係者が必要とする情報）

原価計算は，企業外部の利害関係者が利用する公開財務諸表（損益計算書や貸借対照表など）の作成に必要な原価データを提供する。

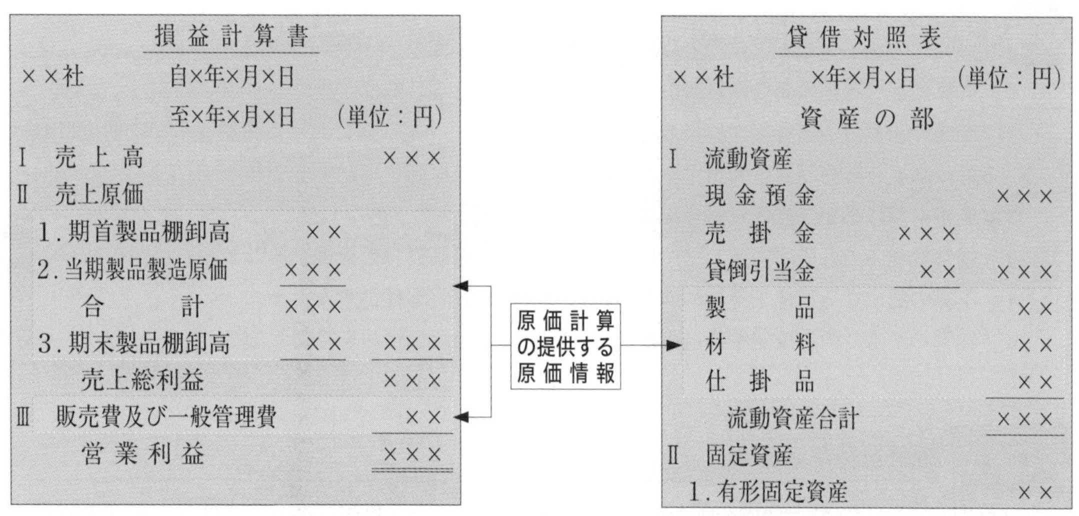

損益計算書

××社　自×年×月×日　至×年×月×日　（単位：円）

Ⅰ 売上高		×××
Ⅱ 売上原価		
1.期首製品棚卸高	××	
2.当期製品製造原価	×××	
合計	×××	
3.期末製品棚卸高	××	×××
売上総利益		×××
Ⅲ 販売費及び一般管理費		××
営業利益		×××

貸借対照表

××社　×年×月×日　（単位：円）

資産の部

Ⅰ 流動資産		
現金預金		×××
売掛金	×××	
貸倒引当金	××	×××
製品		××
材料		××
仕掛品		××
流動資産合計		×××
Ⅱ 固定資産		
1.有形固定資産		××

2.『管理会計』目的（企業内部の利害関係者が必要とする情報）

原価計算は，企業内部の利害関係者（すなわち経営管理者）が経営管理のために必要とする情報を提供する。さらに，この情報は常時必要とされるものかどうかで以下のように区別される。

⑴　**経常的目的：業績評価目的**

原価計算は，経営管理者に対して，業績評価に必要な情報を提供する。業績評価を適切に行うためには，業務活動に関する事前の経営計画と，その計画が実施されているかを監督する経営統制が必要となる。

①　**経営計画**

経営管理者は，長期的な経営の計画にもとづき，あらかじめ向こう１年間の目標利益を獲得するために必要な業務活動の計画（短期利益計画）を立てる。原価計算は，経営管理者に対し，短期利益計画に必要な原価および利益に関する情報を提供する。そして，この情報を総合的にとりまとめた予算が編成される。

② 経営統制

短期の経営計画にもとづいて，企業は日々の業務活動を実施していく。経営管理者は，業務活動が事前の計画に沿うように，絶えず経営を監視し，必要な指導や規制を行う必要がある。原価計算は，予算・実績の比較や原価差異分析の結果を通じて，原価および利益の管理に役立つ情報を提供する。

(2) 臨時的目的：問題解決のための経営意思決定目的

経営管理者は，企業の現状を調査・分析し，経営上の問題点を発見する。そして，この問題点を解決するために，種々の改善案のなかから最善策を選択する意思決定をしなければならない。原価計算は，このような経営意思決定に必要な原価および利益に関する情報を提供する。

なお，経営意思決定は必要に応じて随時行われるが，長期的な経営計画に関連して決定される「構造的意思決定」（経営の基本構造に関するもの）と，短期の経営計画に関連して決定される「業務的意思決定」（業務活動の執行に関するもの）がある。

参考　原価計算基準１（一部）：原価計算の目的

原価計算には，各種の異なる目的が与えられるが，主たる目的は，次のとおりである。

(1) 企業の出資者，債権者，経営者等のために，過去の一定期間における損益ならびに期末における財政状態を財務諸表に表示するために必要な真実の原価を集計すること。

(2) 価格計算に必要な原価資料を提供すること。

(3) 経営管理者の各階層に対して，原価管理に必要な原価資料を提供すること。

(4) 予算の編成ならびに予算統制のために必要な原価資料を提供すること。

(5) 経営の基本計画を設定するに当たり，これに必要な原価情報を提供すること。

一口メモ　原価計算基準とは

昭和37年（1962）に大蔵省企業会計審議会から公表された「原価計算基準」は，従来日本の企業で行われていた原価計算に関する慣行のうち，一般に公正妥当と認められるところを要約したものであり，すべての企業により尊重されるべきものである。したがって，「企業会計原則」の一環をなす，原価計算に関する実践規範といえる。

3 原価計算の種類と生産形態による分類

1．原価計算の種類

(1) 原価計算制度と特殊原価調査

原価計算は，複式簿記と結合して常時継続的に計算と記録が行われるか否かによって，原価計算制度と特殊原価調査に分類できる。

① 原価計算制度

原価計算制度とは，経常的な目的（公開財務諸表の作成，経営の計画および統制）を達成するために，複式簿記と結合して常時継続的に行われる原価計算をいう。

② 特殊原価調査（原価計算制度外）

特殊原価調査とは，経営意思決定を行うために，原価計算制度では使用されない特殊な原価概念（差額原価，機会原価など）を使用して，必要に応じて随時行われる原価計算をいう。

(2) 実際原価計算制度と標準原価計算制度

原価計算制度はさらに，実際原価計算制度と標準原価計算制度に分けられる。

① 実際原価計算制度

実際原価計算制度とは，製品の実際原価を計算し，これを財務会計の主要帳簿に記録することによって，製品原価の計算と財務会計とが実際原価をもって結合する原価計算をいう。

② 標準原価計算制度

標準原価計算制度とは，製品の標準原価を計算し，これを財務会計の主要帳簿に記録することによって，製品原価の計算と財務会計とが標準原価をもって結合する原価計算をいう。

以上の関係をまとめると，次のようになる。

- 原価計算
  - 原価計算制度（継続的）
    - 実際原価計算制度
    - 標準原価計算制度
  - 特殊原価調査（臨時的）

参考　原価計算基準２（一部）：原価計算制度

この基準において原価計算とは，制度としての原価計算をいう。原価計算制度は，財務諸表の作成，原価管理，予算統制等の異なる目的が，重点の相違はあるが相ともに達成されるべき一定の計算秩序である。かかるものとしての原価計算制度は，（中略）財務会計機構と有機的に結びつき常時継続的に行なわれる計算体系である。原価計算制度は，この意味で原価会計にほかならない。

原価計算制度において計算される原価の種類およびこれと財務会計機構との結びつきは，単一でないが，しかし原価計算制度を大別して実際原価計算制度と標準原価計算制度とに分類することができる。

2. 生産形態による原価計算の分類

経営における製品の生産形態が異なれば，その生産形態に応じて製品原価の計算が行われる。原価計算の製品別計算の形態は，次のように分類される。

製品別計算
- 個別原価計算
- 総合原価計算
  - 単純総合原価計算
  - 等級別総合原価計算
  - 組別総合原価計算

⑴ **個別原価計算**

個別原価計算とは，顧客の注文に応じて特定の製品を個別に生産する場合に適用される原価計算の方法である。たとえば，建設業や造船業のように個別受注生産を行う企業において適用され，特定の製品（１単位または一定数量単位）に対し製造指図書を発行し，製造原価を製造指図書別に集計する原価計算の方法である。

⑵ **総合原価計算**

総合原価計算とは，同じ規格の製品を連続して大量に生産する場合に適用される原価計算の方法である。たとえば，食品，紡績，化学薬品，電力などさまざまな業種において適用され，一定期間の製造原価を同期間の生産量で割ることで，量産品１単位あたりの平均製造原価を求める原価計算の方法である。

4 原価の一般概念

1. 原価計算制度上の原価の一般概念

原価計算は，前述のように，複式簿記と結びつき常時継続的に行われる原価計算制度と，必要なときに臨時的に行われる特殊原価調査とからなっている。ここからの説明は，原価計算制度における原価の取扱いについて説明していく。

原価計算基準では，原価計算制度上の原価を次のように規定している。

『経営における一定の給付(注)**にかかわらせて，は握された財貨又は用役の消費を，貨幣価値的に表わしたものである。』**（原価計算基準３：原価の本質）

その特徴をまとめれば，次のとおりである。

原価計算制度上の原価
- ① 原価は経済価値（物品やサービスなど）の消費である。
- ② 原価は給付に転嫁される価値である。
- ③ 原価は経営目的（生産販売）に関連したものである。
- ④ 原価は正常なものである。

(注)「給付」とは，経営活動により作り出される財貨または用役をいい，最終給付である製品のみでなく，中間給付をも意味する。

- 最終給付 … 製品など
- 中間給付 … 中間製品，半製品，仕掛品，補助部門の提供するサービスなど

2. 非原価項目

原価計算制度において，原価に算入しない項目を非原価項目といい，次のようなものがある。

① 経営目的に関連しない価値の減少

(a) 投資資産である不動産・有価証券・貸付金，未稼働の固定資産，長期にわたり休止している設備，その他経営目的に関連しない資産に関する減価償却費，管理費，租税などの費用

(b) 寄付金などの経営目的に関連しない支出

(c) 支払利息，割引料，保証料などの財務費用

(d) 有価証券の評価損および売却損

② 異常な状態を原因とする価値の減少

(a) 異常な仕損，減損，たな卸減耗など

(b) 火災，震災，風水害，盗難，争議などの偶発的事故による損失

(c) 固定資産売却損および除却損，予期しなかった陳腐化などによって固定資産に著しい減価が生じた場合の臨時償却費，訴訟費用，偶発債務損失，損害賠償金など

③ 税法上とくに認められている損金算入項目

(a) 特別償却（租税特別措置法による償却額のうち通常の償却範囲額をこえる額）

④ その他の利益剰余金に課する項目

(a) 法人税，所得税，住民税

(b) 配当金，役員賞与金，任意積立金繰入額などの利益処分項目

(注)『原価計算基準（五 非原価項目)』は改訂されていないものの，現行制度上，本試験で役員賞与金の区分が出題される場合には費用処理することになります。なお，その場合には次のように明示される可能性が高いと思われます。

(表示例：「役員賞与引当金繰入　○○円」「役員賞与金　○○円（引当金計上額)」
「役員賞与については販売費及び一般管理費として処理している。」)

一口メモ　原価計算の誕生

原価計算は，1870年ごろのイギリスにおいて誕生した。産業革命により，生産活動が家内制手工業から機械制工場制度へと変革していった時代に，企業家が経営の成否を把握するために，生産する製品の製造原価を測定する技術を必要としたことに始まる。それゆえに，原価計算は「産業革命の一産物」といわれている。

5 原価の基礎的分類

前項では，原価計算制度上のすべての原価に共通する一般概念を示したが，次に原価の具体的な分類を示すと以下のようになる。

1. 形態別分類

原価は，その発生形態により次のように分類される。すなわち，製品の製造のために何を消費して発生するのかにより分類したものである。

材　料　費 …… 物品を消費することによって発生する原価
労　務　費 …… 労働力を消費することによって発生する原価
経　　　費 …… 物品・労働力以外の原価要素を消費することによって発生する原価

2. 製品との関連における分類

原価は，生産される一定単位の製品との関連で，その発生が直接的に認識できるかどうかにより直接費と間接費に分類される。

直　接　費 …… 一定単位の製品の製造に関して直接的に認識される原価
間　接　費 …… 一定単位の製品の製造に関して直接的に認識されない原価

3. 製造原価と総原価

原価は，製造原価を意味する場合と，製造原価に販売費と一般管理費を加えた総原価を意味する場合がある。

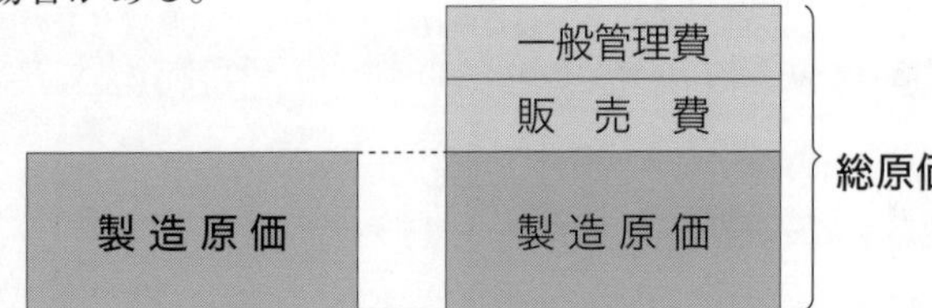

（注）販売費と一般管理費とを合わせて，営業費という。

製 造 原 価 …… 製品の製造に要する原価
販　売　費 …… 製品の販売に要する原価
一般管理費 …… 企業全体の管理活動に要する原価

以上の分類をまとめて，製品1単位あたりの総原価に営業利益を加えると，製品の販売価格になる。この関係を図示すれば，次のようになる。

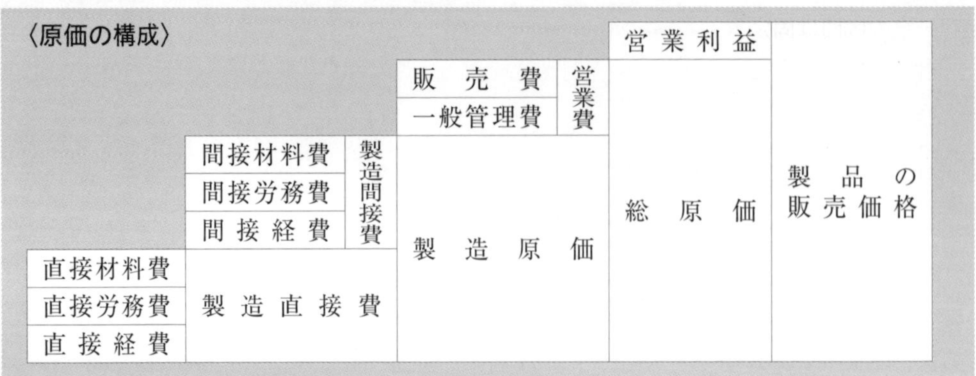

4. 操業度との関連における分類

生産販売能力を一定とした場合におけるその利用度のことを操業度といい，この操業度の変化に対して原価がどのように発生するかを原価態様（コスト・ビヘイビア）という。

原価はこの原価態様により次のように分類される。

(1) 変動費

操業度の増減に応じて，総額において比例的に増減する原価を変動費という。

〈例〉(イ) 直接材料費
　　　(ロ) 出来高給制による直接労務費

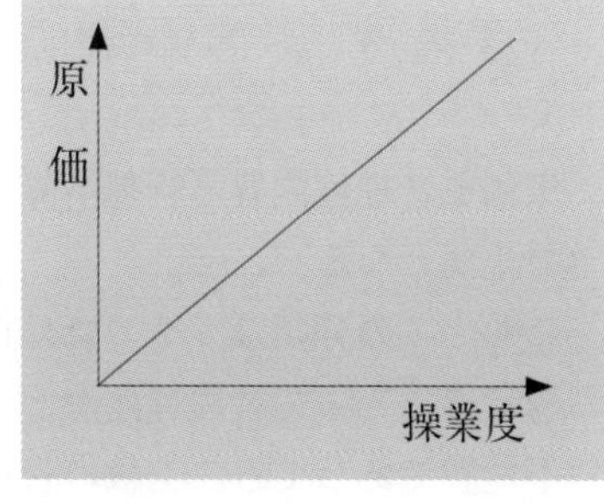

(2) 固定費

操業度の増減とは無関係に，総額において一定期間変化せずに，一定額発生する原価を固定費という。

〈例〉(イ) 職員の給料
　　　(ロ) 定額法の減価償却費

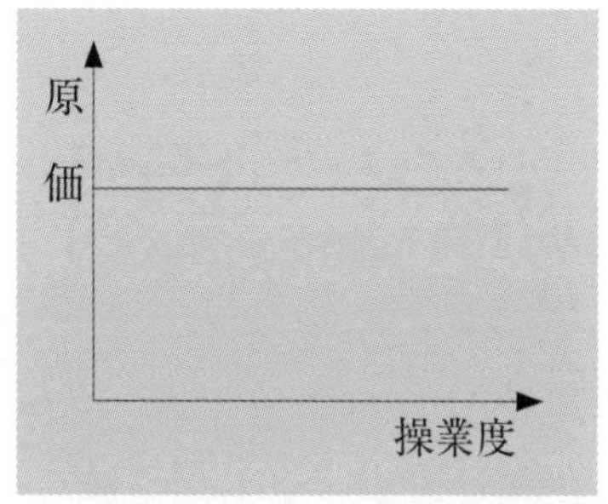

(3) 準変動費

固定費部分と変動費部分の両方からなる原価を準変動費という。

〈例〉(イ) 電力料，水道料，ガス代
　　　(ロ) 電話料，修繕費

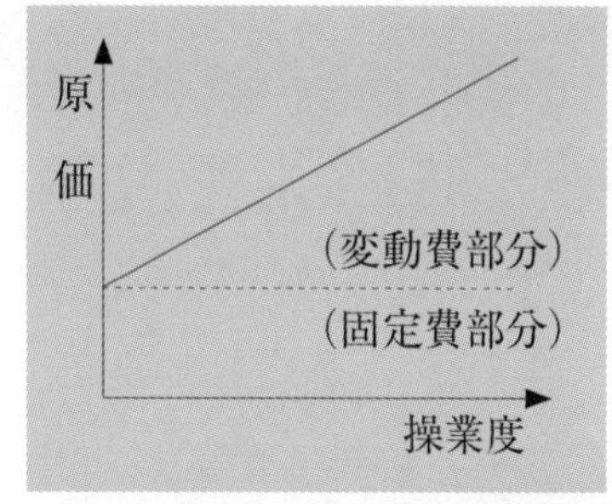

(4) 準固定費

全体として階段状に増減する原価であり，一定の区間では固定費であるが，その区間を超えると急激に増加し，再び一定の区間は固定費の状態を保つ原価を準固定費という。

〈例〉(イ) 工場長の給料
　　　(ロ) 検査工の賃金

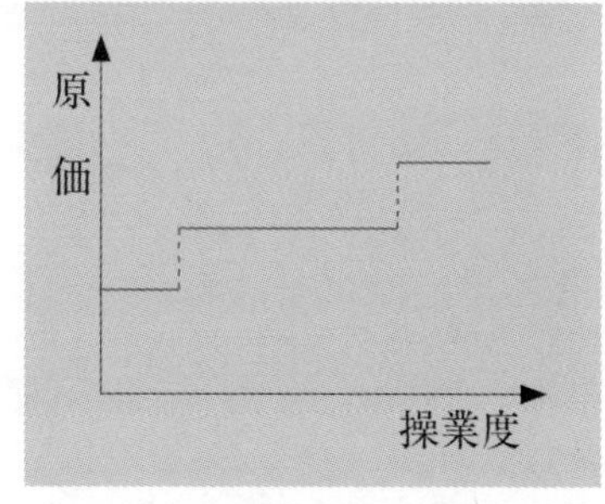

なお，準変動費と準固定費は，変動費と固定費のいずれかとみなすか，変動費と固定費に分解する。

各費目ごとに原価態様が判明していれば，次期に予想される操業度に対して発生する原価を予測することができるため，短期の利益計画においてきわめて重要である。

5. 管理可能性にもとづく分類

原価は，一定の階層の管理者にとって管理可能かどうかで管理可能費と管理不能費に分類される。

管理可能費 …… 原価の発生が一定の階層の管理者にとって管理できる原価
管理不能費 …… 原価の発生が一定の階層の管理者にとって管理できない原価

原価を管理可能費と管理不能費に分類することは，業績評価（利益統制や原価統制）を行ううえで重要となる。

なお，この分類は，その費目自体が管理可能か管理不能かといったものではなく，特定の階層の管理者にとって管理可能かどうかという分類である。したがって，下級の管理者にとっては管理不能費であっても，上級の管理者にとっては管理可能費となることがある。

設例 1-1

下記の項目について，原価計算制度上原価に算入され，しかも製造原価となる項目には1，販売費となる項目には2，一般管理費となる項目には3を，それ以外の項目には0をそれぞれの項目の〔　　〕の中に記入したうえで，1～3の各項目の金額を集計しなさい。なお，製造原価については材料費，労務費，経費の内訳を示すこと。

①〔　　〕製品にそのまま取り付ける部品の消費額　320万円
②〔　　〕工場の修理工賃金　180万円
③〔　　〕工場建物・機械設備の固定資産税　19万円
④〔　　〕工員募集費　40万円
⑤〔　　〕直接工の直接作業賃金　2,300万円
⑥〔　　〕製造用切削油，機械油，電球，石けんなどの消費額　175万円
⑦〔　　〕会社の支払う法人税・住民税　140万円
⑧〔　　〕製造関係の事務職員給料　190万円
⑨〔　　〕本社企画部費　25万円
⑩〔　　〕新製品発表会の茶菓代　40万円
⑪〔　　〕工場減価償却費　850万円
⑫〔　　〕長期休止設備の減価償却費　80万円
⑬〔　　〕工場で使用する消火器の購入額　32万円
⑭〔　　〕掛売集金費　30万円
⑮〔　　〕工場従業員のための茶道，華道講師料　40万円
⑯〔　　〕工場機械購入代金　2,000万円
⑰〔　　〕工場火災による工場設備の除却損　120万円
⑱〔　　〕本社の役員給料　300万円
⑲〔　　〕本社の役員賞与　500万円（引当金計上額）
⑳〔　　〕工員の社会保険料の会社負担分　30万円
㉑〔　　〕重役室費　35万円
㉒〔　　〕出荷運送費　20万円
㉓〔　　〕支払利息　174万円
㉔〔　　〕工場の電力料，ガス代，水道料　90万円
㉕〔　　〕本社の事務職員給料　190万円

【解　答】

1．製造原価 [4,266] 万円　（内訳）材料費 [527] 万円
労務費 [2,700] 万円
経　費 [1,039] 万円

2．販売費 [90] 万円

3．一般管理費 [1,050] 万円

【解　説】

本設例は，原価計算制度上の原価の分類を問う問題である。

1．製造原価

(1) 材料費

①	製品にそのまま取り付ける部品の消費額（＝買入部品費）……	320万円
⑥	製造用切削油，機械油，電球，石けんなどの消費額（＝工場消耗品費）	175万円
⑬	工場で使用する消火器の購入額（＝消耗工具器具備品費）……	32万円
	合計	527万円

(2) 労務費

②	工場の修理工賃金（＝間接工賃金）……………………………	180万円
⑤	直接工の直接作業賃金（＝直接工賃金）………………………	2,300万円
⑧	製造関係の事務職員給料（＝給料）……………………………	190万円
⑳	工員の社会保険料の会社負担分（＝法定福利費）……………	30万円
	合計	2,700万円

(3) 経　費

③	工場建物・機械設備の固定資産税（＝租税公課）……………	19万円
④	工員募集費 …………………………………………………………	40万円
⑪	工場減価償却費 ……………………………………………………	850万円
⑮	工場従業員のための茶道，華道講師料（＝厚生費）…………	40万円
㉔	工場の電力料，ガス代，水道料（＝水道光熱費）……………	90万円
	合計	1,039万円

(4) 製造原価合計

527万円〈材料費〉＋2,700万円〈労務費〉＋1,039万円〈経費〉＝4,266万円

2．販売費

⑩	新製品発表会の茶菓代（＝広告宣伝費）………………………	40万円
⑭	掛売集金費 …………………………………………………………	30万円
㉒	出荷運送費 …………………………………………………………	20万円
	合計	90万円

3．一般管理費

⑨	本社企画部費 ………………………………………………………	25万円
⑱	本社の役員給料 ……………………………………………………	300万円
⑲	本社の役員賞与（引当金計上額）………………………………	500万円
㉑	重役室費 ……………………………………………………………	35万円
㉕	本社の事務職員給料 ………………………………………………	190万円
	合計	1,050万円

なお，⑦，⑫，⑰，㉓は非原価項目であるため〔0〕となる。また⑯（＝固定資産の取得原価）については，取得時には原価算入されず，その減価償却費が製造原価に算入されるものであるため，1～3には当てはまらず〔0〕となる。

6 原価計算の手続き

1. 経営活動におけるコスト・フロー

原価計算は，企業の経営活動において把握された経済的資源の消費を，企業の生産する製品などの給付に結びつけて記録・計算するシステムである。経常的に行われる原価計算（原価計算制度）において，財務諸表作成を目的とした場合の原価の流れ（コスト・フロー）を図解すると，次のようになる。

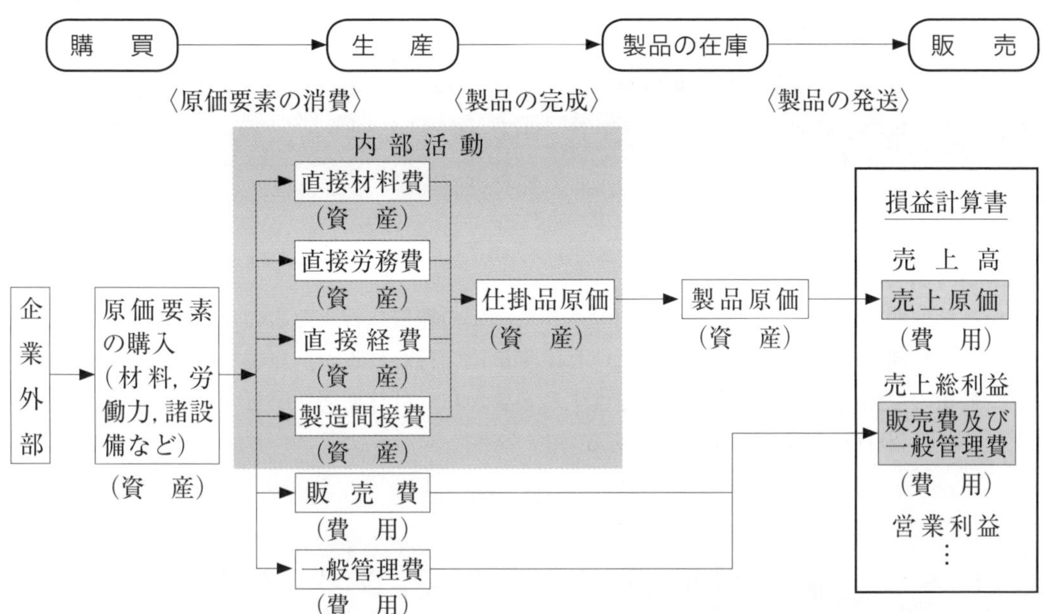

2. 原価計算の手続き

原価計算制度においては，原価計算は次の３段階の手続きを経て行われる。

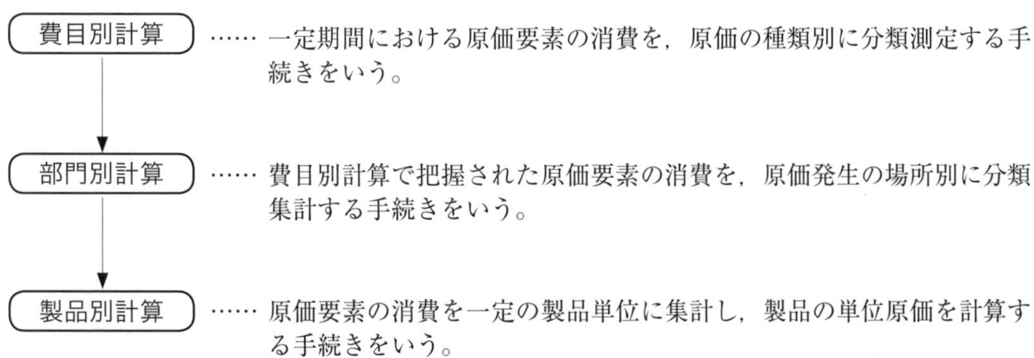

7 原価計算単位と原価計算期間

1. 原価計算単位

原価計算単位（原価単位ともいう）とは，発生する原価を測定するために用いられる単位のことをいう。

原価計算単位は，最終完成品の原価を計算する目的で使用されるのみならず，製品完成に至る各部門の作業の業績を測定する目的にも使用される。

原価計算単位の例として，次のようなものがある。

最終製品の原価計算単位：1個，1kg，1箱，1ダース
各部門の原価計算単位：電力部門……1kwh
塗装部門……1㎡

2. 原価計算期間

原価計算期間とは，原価計算により把握された原価の報告を行うための一定の間隔のことをいう。公開財務諸表の作成は，通常1年ないし半年単位で行われるが，原価計算では，経営管理に役立つ最新の原価情報を経営管理者に提供する必要から，計算期間を暦日の1か月（たとえば4月1日～4月30日）とするのが通常である。

会計期間

4月	5月	6月	7月	8月	9月	10月	11月	12月	1月	2月	3月

原価計算期間

MEMO

Theme
02 原価記録と財務諸表

Check ここでは，原価計算によって得られた原価情報を工業簿記の帳簿組織に記録する流れと，製造業で作成される財務諸表について学習する。

1 原価計算と工業簿記

原価計算は，複式簿記と有機的に結びつき，財務諸表作成のために必要となる原価に関する情報を提供する。その提供された原価情報は，財務記録として工業簿記の勘定に記録されることになる。すなわち，両者は原価の計算とその記録という点で，密接な関係にある。そこで，工業簿記における基本的な勘定連絡図と仕訳を示せば，次のようになる。

〈勘定連絡図〉

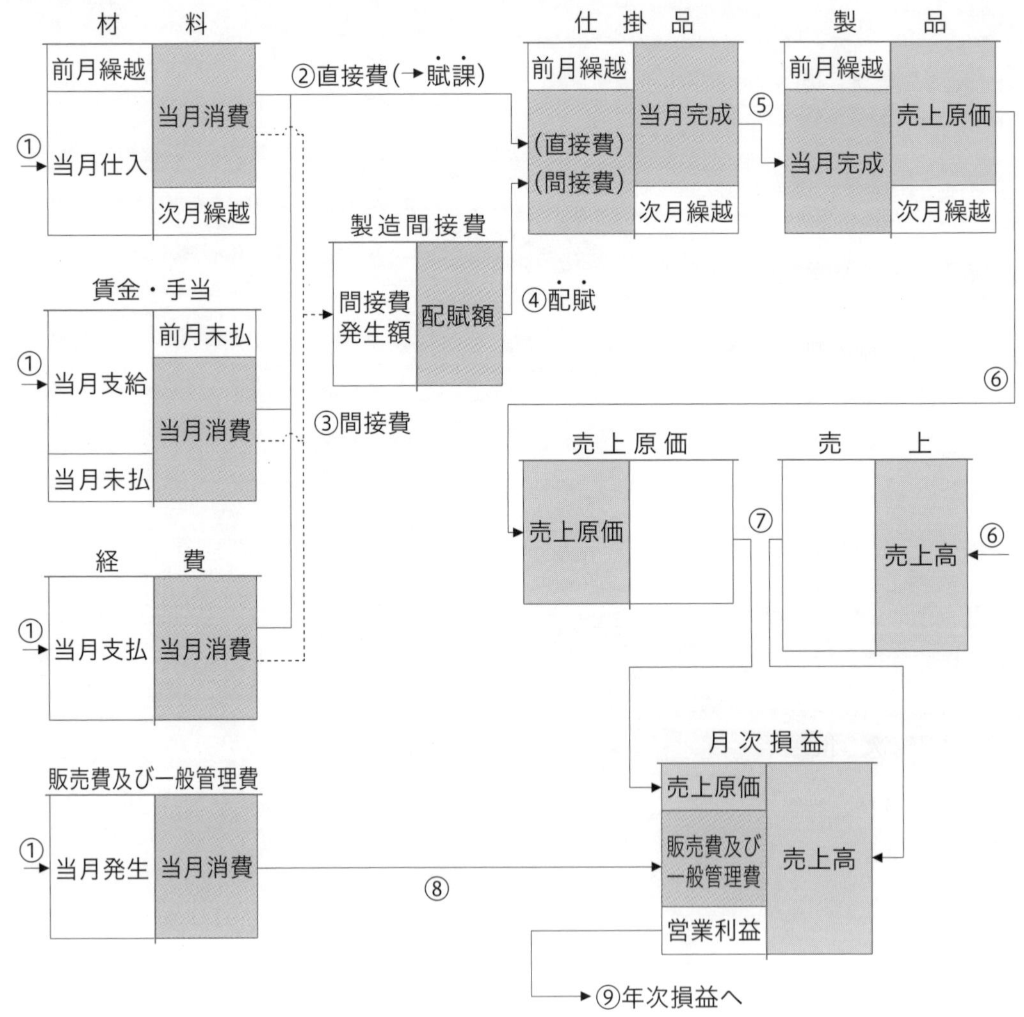

〈仕　訳〉

① 原価要素の購入と販売費及び一般管理費の発生

(材　　料)	×××	(買　掛　金)	×××
(賃金・手当)	×××	(現金など)	×××
(経　　費)	×××		
(販売費及び一般管理費)	×××	(現金など)	×××

② 製造直接費の仕掛品勘定への集計

(仕　掛　品)	××××	(材　　料)	×××
		(賃金・手当)	×××
		(経　　費)	×××

③ 製造間接費の製造間接費勘定への集計

(製造間接費)	××××	(材　　料)	×××
		(賃金・手当)	×××
		(経　　費)	×××

④ 製造間接費の仕掛品勘定への配賦

(仕　掛　品)	×××	(製造間接費)	×××

⑤ 完成品原価の製品勘定への振替え

(製　　品)	××××	(仕　掛　品)	××××

⑥ 売上の計上と売上原価の振替え

(売　掛　金)	××××	(売　　上)	××××
(売上原価)	××××	(製　　品)	××××

⑦ 売上高と売上原価の月次損益勘定への振替え

(売　　上)	××××	(月次損益)	××××
(月次損益)	××××	(売上原価)	××××

⑧ 販売費及び一般管理費の月次損益勘定への振替え

(月次損益)	××××	(販売費及び一般管理費)	××××

⑨ 月次営業利益の年次損益勘定への振替え

(月次損益)	××××	(年次損益)	××××

2 財務諸表

工企業が会計年度末において外部報告のために作成する財務諸表には，損益計算書，貸借対照表のほかに製造原価明細書（製造原価報告書）がある。

工企業における損益計算書では，商企業の「当期商品仕入高」（売上原価の内訳科目）に相当するものが「当期製品製造原価」であるが，これは内部的な製造活動の結果として計算されたものであるため客観性・検証性に乏しい。そのため「当期製品製造原価」の内訳を記載した明細書を損益計算書に添付しなければならない（注）。これが「製造原価明細書」である。

なお，これらの財務諸表の記載内容は工業簿記の勘定記録にもとづいて作成されることから，製造原価明細書は仕掛品勘定と対応し，損益計算書の売上原価の内訳は製品勘定の記録とそれぞれ対応している。

（注）「財務諸表等規則第75条２項」に規定されている。

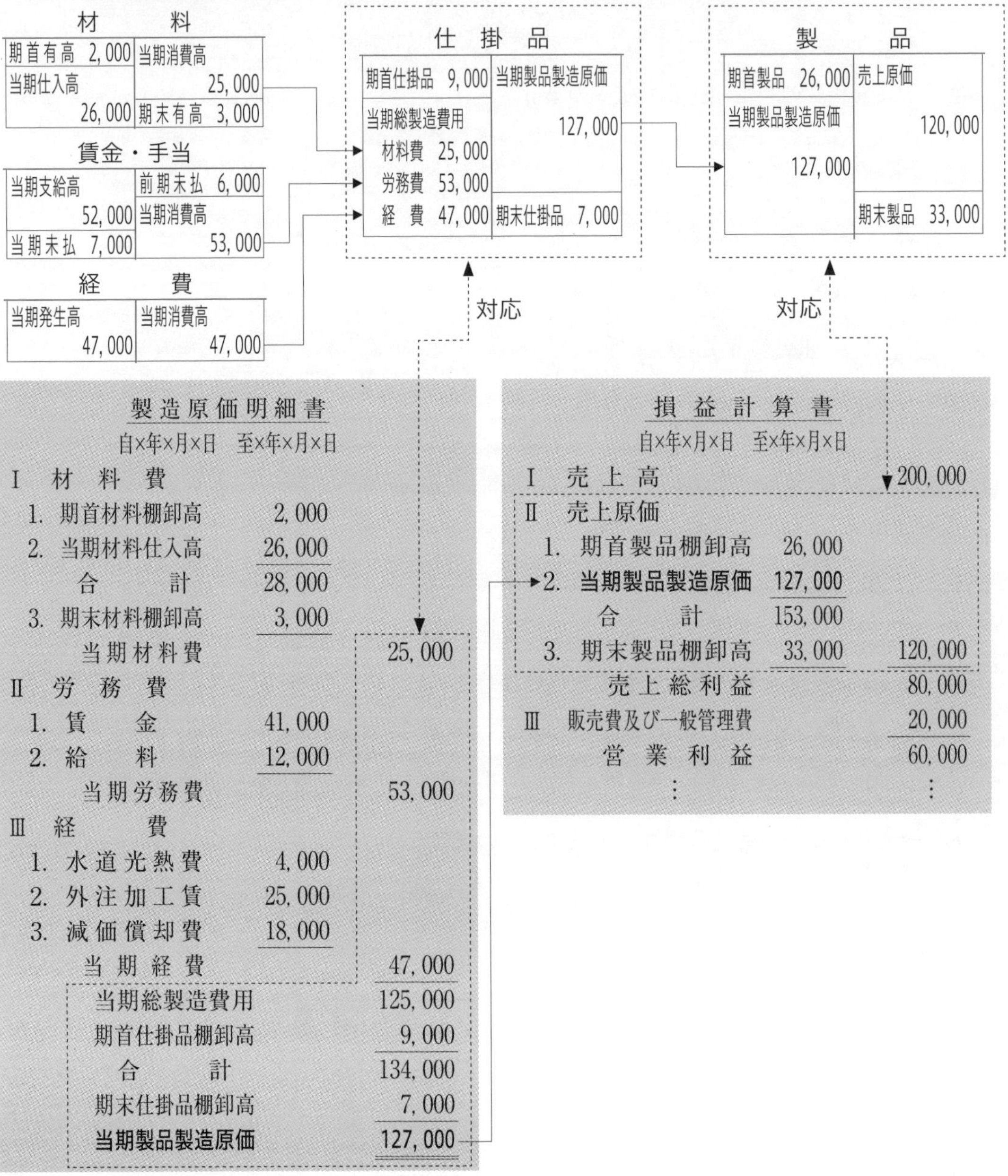

材　料

期首有高 2,000	当期消費高 25,000
当期仕入高 26,000	期末有高 3,000

賃金・手当

当期支給高 52,000	前期未払 6,000
当期未払 7,000	当期消費高 53,000

経　費

当期発生高 47,000	当期消費高 47,000

仕　掛　品

期首仕掛品 9,000	当期製品製造原価 127,000
当期総製造費用 材料費 25,000 労務費 53,000 経　費 47,000	期末仕掛品 7,000

製　　品

期首製品 26,000	売上原価 120,000
当期製品製造原価 127,000	期末製品 33,000

対応　　　対応

製造原価明細書
自×年×月×日　至×年×月×日

Ⅰ 材料費		
1. 期首材料棚卸高	2,000	
2. 当期材料仕入高	26,000	
合　計	28,000	
3. 期末材料棚卸高	3,000	
当期材料費		25,000
Ⅱ 労務費		
1. 賃　金	41,000	
2. 給　料	12,000	
当期労務費		53,000
Ⅲ 経　費		
1. 水道光熱費	4,000	
2. 外注加工賃	25,000	
3. 減価償却費	18,000	
当期経費		47,000
当期総製造費用		125,000
期首仕掛品棚卸高		9,000
合　計		134,000
期末仕掛品棚卸高		7,000
当期製品製造原価		**127,000**

損益計算書
自×年×月×日　至×年×月×日

Ⅰ 売上高		200,000
Ⅱ 売上原価		
1. 期首製品棚卸高	26,000	
2. 当期製品製造原価	**127,000**	
合　計	153,000	
3. 期末製品棚卸高	33,000	120,000
売上総利益		80,000
Ⅲ 販売費及び一般管理費		20,000
営業利益		60,000
⋮		⋮

なお，製造原価明細書の当期総製造費用の内訳は，前ページのように「形態別分類」により表示するのが一般的であるが，次のように「製品との関連における分類」によって表示する様式もある。

材　料

借方	貸方
期首有高 2,000	当期消費高 （直） 20,000 （間） 5,000
当期仕入高 26,000	期末有高 3,000

賃金・手当

借方	貸方
当期支給高 52,000	前期未払 6,000
	当期消費高 （直） 35,000
当期未払 7,000	（間） 18,000

経　費

借方	貸方
当期発生高 47,000	当期消費高 （直） 25,000 （間） 22,000

製造間接費

借方	貸方
実際発生額 45,000	予定配賦額 44,000
	配賦差異 1,000

製造間接費配賦差異

借方	貸方
1,000	

仕　掛　品

借方	貸方
期首仕掛品 9,000	当期製品製造原価 126,000
当期総製造費用 直材費 20,000 直労費 35,000 直経費 25,000 製間費 44,000	期末仕掛品 7,000

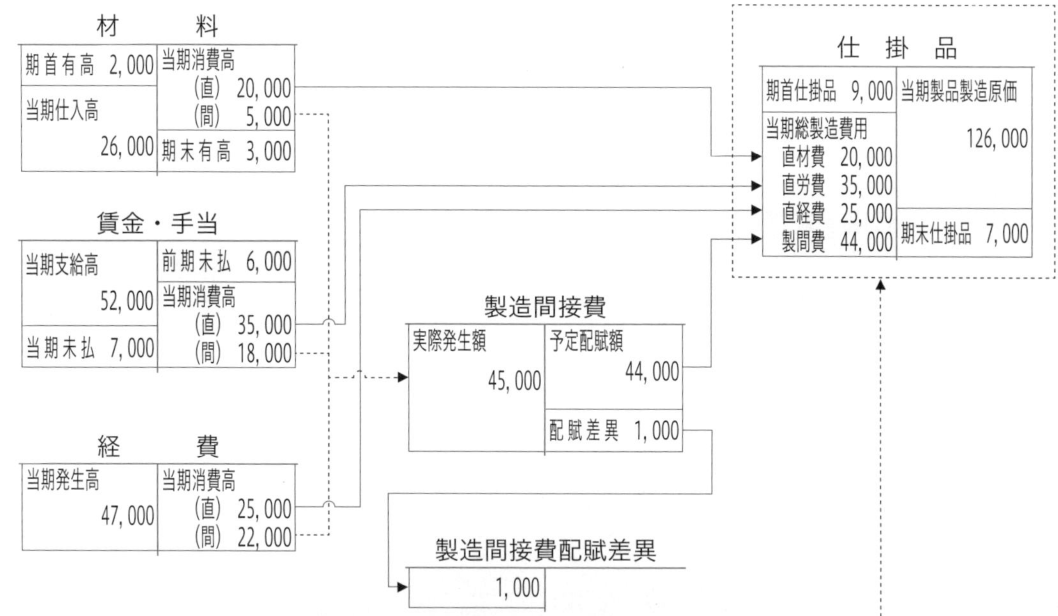

製造原価明細書

自×年×月×日　至×年×月×日

Ⅰ	直接材料費		20,000
Ⅱ	直接労務費		35,000
Ⅲ	直接経費		25,000
Ⅳ	製造間接費（注）		
	1. 材料	5,000	
	2. 賃金・手当	18,000	
	3. 水道光熱費	4,000	
	4. 減価償却費	18,000	
	合計	45,000	
	製造間接費配賦差異	1,000	44,000
	当期総製造費用		124,000
	期首仕掛品棚卸高		9,000
	合計		133,000
	期末仕掛品棚卸高		7,000
	当期製品製造原価		126,000

対応

（注）上記のように製造間接費を予定配賦しているときは，仕掛品勘定との対応関係から製造原価明細書には予定配賦額が計上される。その際，製造間接費の内訳を費目別に表示する場合には，いったん実際発生額で表示しておき，これに製造間接費配賦差異を加減算することで予定配賦額に修正する。そのため借方差異（＝不利差異）のときは実際発生額から減算し，逆に貸方差異（＝有利差異）のときは実際発生額に加算することになる。

また，原価差異が生じている場合の損益計算書の表示は次のようになる（企業会計原則注解【注9】）。なお，原価差異は，原則として当年度の売上原価に賦課される（原価計算基準47）。

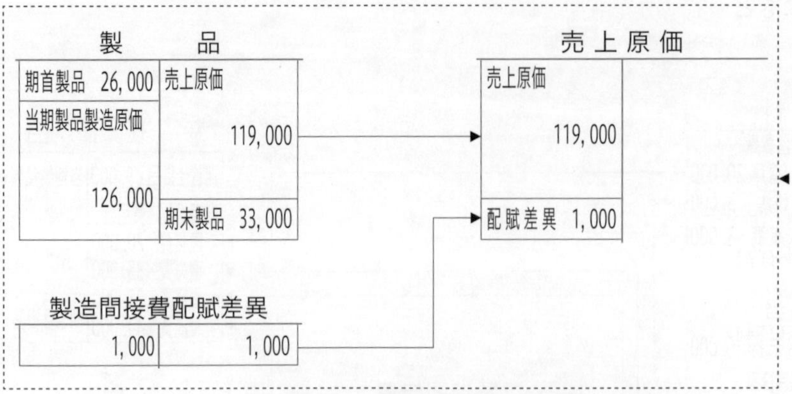

製　品

借方	貸方
期首製品 26,000	売上原価 119,000
当期製品製造原価 126,000	期末製品 33,000

売上原価

借方	貸方
売上原価 119,000	
配賦差異 1,000	

製造間接費配賦差異

借方	貸方
1,000	1,000

対応

損益計算書

自×年×月×日　至×年×月×日

Ⅰ 売上高		200,000
Ⅱ 売上原価		
1. 期首製品棚卸高	26,000	
2. 当期製品製造原価	126,000	
合　計	152,000	
3. 期末製品棚卸高	33,000	
差　引	119,000	
4. 原価差額(注)	1,000	120,000
売上総利益		80,000
Ⅲ 販売費及び一般管理費		20,000
営業利益		60,000
⋮		⋮

（注）原価差異を売上原価に賦課する場合には，そのプラス・マイナスに注意する。

① 借方差異（予定＜実際）の場合 …… 売上原価に加算

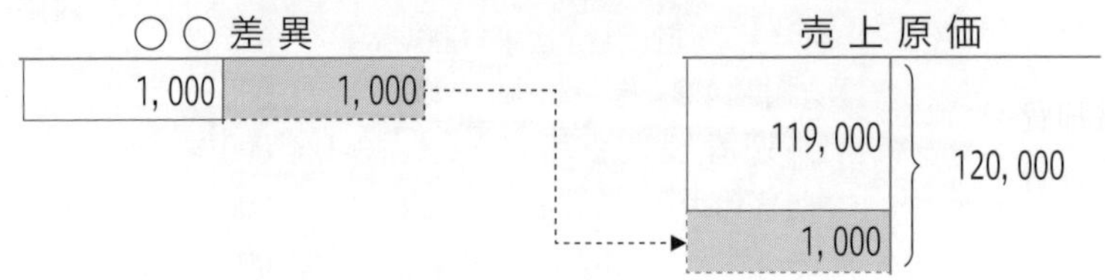

② 貸方差異（予定＞実際）の場合 …… 売上原価から減算

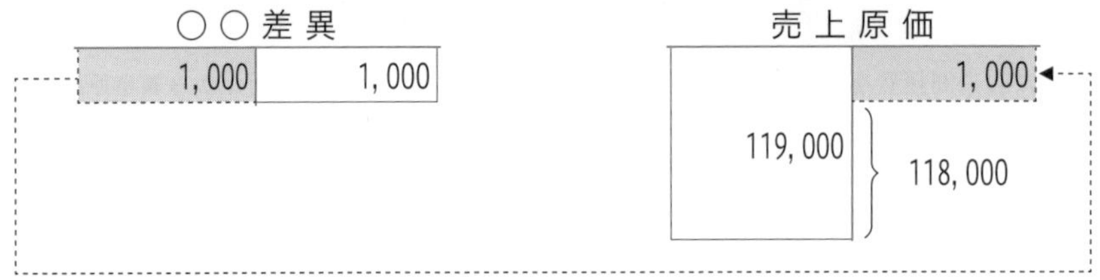

設例 2-1

次の資料にもとづき当期の製造原価明細書および損益計算書を作成しなさい。当社では製造間接費は予定配賦しており，予定配賦率は直接労務費の150%である。また，主要材料消費額が直接材料費と等しくなるものとし，直接工賃金消費額が直接労務費と等しくなるものとする。

なお，原価差異は当年度の売上原価に賦課する。

（資　料）

1．棚卸資産有高

	期首有高	期末有高
主要材料	4,000千円	3,000千円
補助材料	400千円	700千円
仕掛品	16,000千円	14,000千円
製品	45,000千円	63,000千円

2．賃金・給料未払額

	期首未払額	期末未払額
直接工賃金	3,000千円	2,000千円
間接工賃金	1,600千円	1,500千円
給料	300千円	200千円

3．材料当期仕入高

主要材料……………………………63,000千円

補助材料……………………………3,600千円

4．賃金・給料当期支給額

直接工賃金……………………………39,000千円

間接工賃金……………………………18,600千円

給　　料……………………………3,200千円

5．当期経費

水道光熱費……………………………3,800千円

租税公課……………………………4,400千円

賃借料……………………………6,000千円

減価償却費……………………………17,400千円

雑　　費……………………………1,500千円

6．その他

売上高……………………………245,000千円

販売費及び一般管理費……………………………29,000千円

【解　答】

製造原価明細書

自×年×月×日　至×年×月×日　(単位：千円)

Ⅰ 直接材料費		
1. 期首材料棚卸高	4,000	
2. 当期材料仕入高	63,000	
合　計	67,000	
3. 期末材料棚卸高	3,000	64,000
Ⅱ 直接労務費		38,000
Ⅲ 製造間接費		
1. 補助材料費	3,300	
2. 間接工賃金	18,500	
3. 給　料	3,100	
4. 水道光熱費	3,800	
5. 租税公課	4,400	
6. 賃借料	6,000	
7. 減価償却費	17,400	
8. 雑　費	1,500	
合　計	58,000	
製造間接費配賦差異	1,000	57,000
当期総製造費用		159,000
期首仕掛品棚卸高		16,000
合　計		175,000
期末仕掛品棚卸高		14,000
当期製品製造原価		161,000

損益計算書

自×年×月×日　至×年×月×日　(単位：千円)

Ⅰ 売上高		245,000
Ⅱ 売上原価		
1. 期首製品棚卸高	45,000	
2. 当期製品製造原価	161,000	
合　計	206,000	
3. 期末製品棚卸高	63,000	
差　引	143,000	
4. 原価差額	1,000	144,000
売上総利益		101,000
Ⅲ 販売費及び一般管理費		29,000
営業利益		72,000

【解　説】

本設例の勘定連絡図は次のようになる（単位：千円）。仕掛品勘定へ集計される製造原価の内訳は製造原価明細書に対応し，製品勘定の内訳は損益計算書の売上原価の区分に対応している。

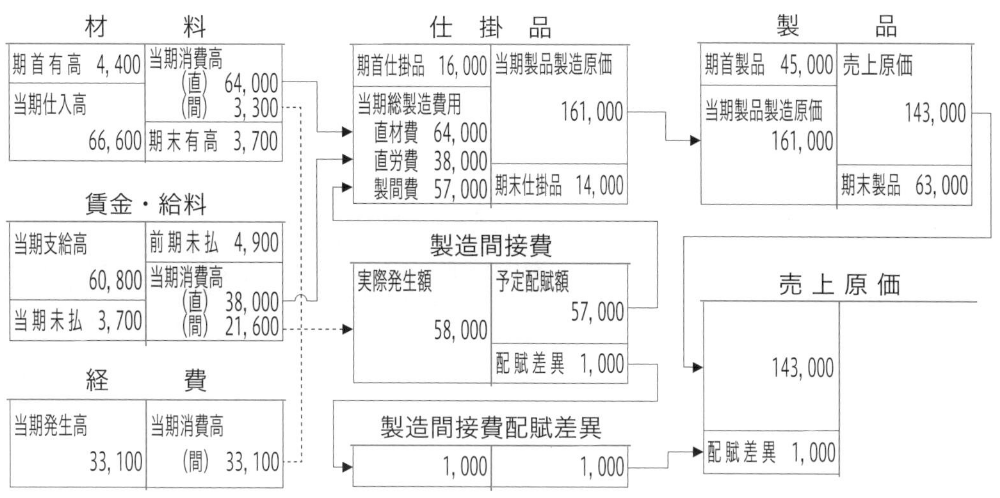

計算過程は次のとおり（単位：千円）。

直接材料費：4,000＋63,000－3,000=64,000

間接材料費：　400＋ 3,600－　700= 3,300

直接労務費：39,000－3,000＋2,000=38,000

間接労務費：

　間接工賃金；18,600－1,600＋1,500=18,500

　給　　料；3,200－　300＋　200= 3,100

製造間接費予定配賦額：

　　38,000×150%=57,000

製造間接費配賦差異：

　　57,000〈予定〉－58,000〈実際〉

　　=(－)1,000〔借方〕

なお，参考までに形態別分類による製造原価明細書を示すと右のようになる。

製造原価明細書

自×年×月×日　至×年×月×日　(単位：千円)

Ⅰ 材　料　費		
1. 期首材料棚卸高	4,400	
2. 当期材料仕入高	66,600	
合　計	71,000	
3. 期末材料棚卸高	3,700	67,300
Ⅱ 労　務　費		
1. 直接工賃金	38,000	
2. 間接工賃金	18,500	
3. 給　　料	3,100	59,600
Ⅲ 経　　費		
1. 水道光熱費	3,800	
2. 租税公課	4,400	
3. 賃　借　料	6,000	
4. 減価償却費	17,400	
5. 雑　　費	1,500	33,100
合　計		160,000
製造間接費配賦差異		1,000
当期総製造費用		159,000
期首仕掛品棚卸高		16,000
合　計		175,000
期末仕掛品棚卸高		14,000
当期製品製造原価		161,000

03 Theme 個別原価計算

Check ここでは，製品別計算のうち個別原価計算の基礎を学習する。特に，製造指図書別原価計算表と仕掛品勘定との対応関係を理解することが重要である。

1 個別原価計算の意義

個別原価計算とは，顧客から注文を受けた特定の製品製造（注）に対し，製造指図書を発行し，製造原価をその製造指図書別に集計する原価計算の方法をいう。

製造指図書別に原価を集計することから，指図書別原価計算ともいわれる。

（注）製造される製品は，１単位とは限らず，一定数量単位の製品を１つの製造指図書で製造する場合もある。このような個別原価計算をロット別個別原価計算という。

2 個別原価計算の概要

1．特定製造指図書

顧客から製品の注文を受けると，その注文品の規格，材料所要量，作業手順などを記載した製造作業の命令書を作成し，これにしたがって製品を製造する。この製造作業の命令書のことを製造指図書という。

個別原価計算においては，顧客の注文に応じて個別に製造指図書が発行されるので，その製造指図書を特定製造指図書という。

2．個別原価計算の適用される生産形態

個別原価計算が適用される生産形態の代表例は，顧客の注文に応じて製品を製造する受注生産形態である（連続生産を行っている場合において，生産量を特定して製造する際に用いることもある）。

〈例〉(イ) 建設業における１棟のビル建設
(ロ) 造船業における１艘の船舶の製造
(ハ) 機械工業における１台の特殊工作機械の製造
(ニ) 工具製造業で1,000本単位で製造されるレンチ

研究 個別原価計算の特殊な適用例

製品の生産に際してのみでなく，次のような場合においても，特定製造指図書を発行して行う場合は，個別原価計算の方法によって原価を算定する。

(イ) 自家用の建物や機械などの製作または修繕
(ロ) 生産技術の試験研究や新製品の試作
(ハ) 仕損の発生にともなう補修や代品製造

3. 製造指図書別原価計算表

個別原価計算の中心は原価計算表にある。つまり，顧客からの注文を受けて製造する製品は製造指図書番号によって示され，各製造指図書番号の記載された原価計算票がそれぞれ用意される。そこで，特定の製品を製造するために発生した原価は，その特定の製造指図書番号が記載された原価計算票に集計されていく。

〈例〉原価計算票の一例

原　価　計　算　票

製造指図書No. ＿＿＿＿

得意先名	＿＿＿＿	製造指図書発行日	＿＿＿＿
製 品 名	＿＿＿＿	製 造 着 手 日	＿＿＿＿
仕　　様	＿＿＿＿	製 品 完 成 日	＿＿＿＿
数　　量	＿＿＿＿	製品引渡予定日	＿＿＿＿

直 接 材 料 費			直 接 労 務 費			製 造 間 接 費		
日付	出庫票No	金 額	日付	作業時間表No	金 額	日付	配 賦 率	金 額
合　　計			合　　計			合　　計		

4. 個別原価計算の種類

個別原価計算は，製造間接費について部門別計算を行うかどうかで次の２種類に区別される。

個別原価計算
- 部門別個別原価計算（部門別計算を行う）
- 単純個別原価計算（部門別計算を行わない）

① 部門別個別原価計算（正規の原価計算手続）

② 単純個別原価計算（簡便な原価計算手続）

3 個別原価計算の計算手続

特定の製品を製造するために発生した製造直接費および製造間接費が，その製造指図書番号を記載した原価計算票に集計されていき，製造指図書上の指示生産量が完成した時点で原価計算票に集計されている原価をもって完成品の製造原価とする。

製造直接費 ……特定製造指図書別に原価の発生額が把握され，その発生額をその製造指図書に直接に集計（賦課）する。

製造間接費 ……特定製造指図書別には原価の発生額が判明しないので，適切な基準により，各特定製造指図書に原則として予定配賦（注）する。

（注）予定配賦は正常配賦ともいわれる。

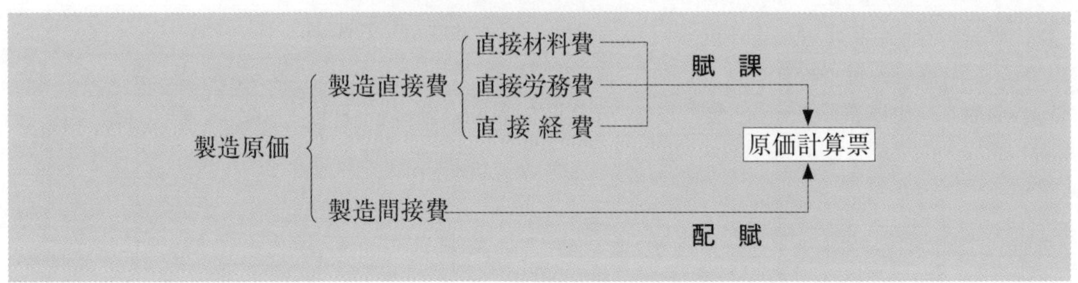

参考　原価計算基準31：個別原価計算

個別原価計算は，種類を異にする製品を個別的に生産する生産形態に適用する。

個別原価計算にあっては，特定製造指図書について個別的に直接費および間接費を集計し，製品原価は，これを当該指図書に含まれる製品の生産完了時に算定する。

経営の目的とする製品の生産に際してのみでなく，自家用の建物，機械，工具等の製作又は修繕，試験研究，試作，仕損品の補修，仕損による代品の製作等に際しても，これを特定指図書を発行して行なう場合は，個別原価計算の方法によってその原価を算定する。

4 原価記録と財務記録

原価計算を複式簿記と結合させ，原価計算制度として実施する場合には，原価計算の計算結果は原価記録として各種の補助元帳に記録され，その合計を工業簿記の統制勘定に財務記録として記録する。すなわち，補助元帳には内訳記録が，統制勘定にはその合計記録がなされるという関係で，原価記録と財務記録は有機的に結合する。

材料から製品が完成するまでの原価記録と財務記録の関係を示すと，次のようになる。

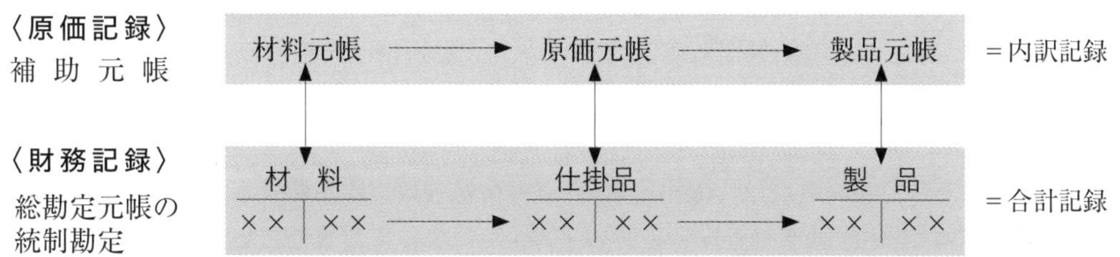

また，原価元帳（＝原価計算票がファイルされたもの）と仕掛品勘定の関係を示すと，次のようになる。

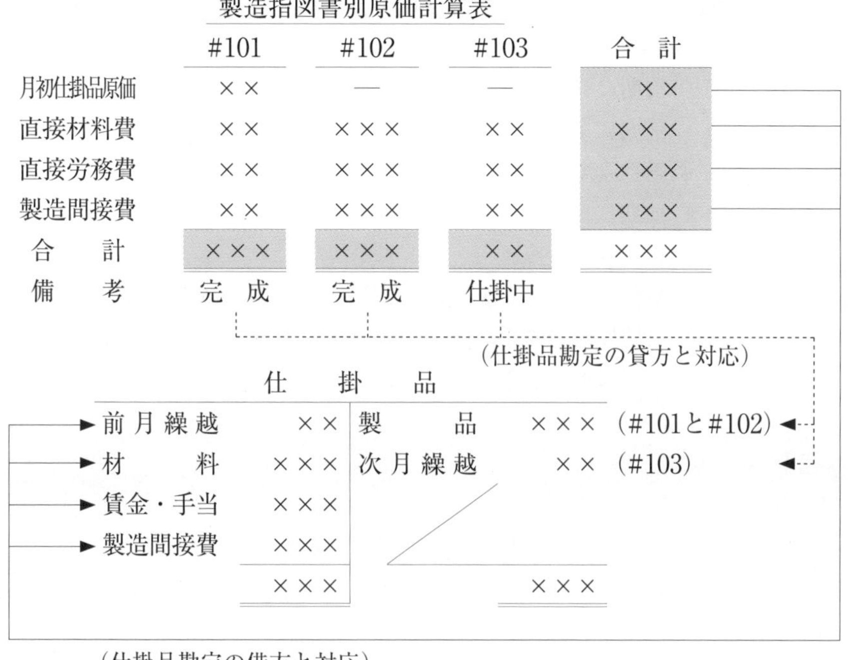

製造指図書別原価計算表

	#101	#102	#103	合　計
月初仕掛品原価	××	—	—	××
直接材料費	××	×××	××	×××
直接労務費	××	×××	××	×××
製造間接費	××	×××	××	×××
合　計	×××	×××	××	×××
備　考	完　成	完　成	仕掛中	

（仕掛品勘定の貸方と対応）

仕　掛　品

前月繰越	××	製　品	×××	（#101と#102）
材　料	×××	次月繰越	××	（#103）
賃金・手当	×××			
製造間接費	×××			
	×××		×××	

（仕掛品勘定の借方と対応）

参考　原価計算基準32，33

原価計算基準32（一部）：直接費の賦課

個別原価計算における直接費は，発生のつど又は定期に整理分類して，これを当該指図書に賦課する。

原価計算基準33（一部）：間接費の配賦

(1)　個別原価計算における間接費は，原則として部門間接費として各指図書に配賦する。

設例 3-1

次の資料にもとづき実際個別原価計算を行い，(A)製造指図書別原価計算表を完成させ，(B)仕掛品勘定と製品勘定の記入を行いなさい。

（資　料）

1．当工場では，直接材料費は実際出庫単価，直接労務費は実際消費賃率（2,000円/時），製造間接費は予定配賦率（直接労務費の150%）によって計算している。当期の製造指図書別直接材料費（直接材料出庫額）と直接作業時間数は次のとおりであった。

	#102	#103	#104	#105	#106	合　計
直接材料費（千円）	——	3,500	24,000	29,500	7,000	64,000
直接作業時間（時）	2,200	2,800	5,900	6,700	1,400	19,000

2．製造指図書別の製造・販売記録

#101 …… 前期に完成済み（製造原価45,000千円）。引渡しは当期に行われた。

#102 …… 前期に製造着手（前期中の製造原価9,300千円）。当期中に完成し，引渡済みである。

#103 …… 前期に製造着手（前期中の製造原価6,700千円）。当期中に完成し，引渡済みである。

#104 …… 当期に製造着手。当期中に完成し，引渡済みである。

#105 …… 当期に製造着手。当期中に完成したが，引渡しは行われていない。

#106 …… 当期に製造着手。期末において未完成である。

【解　答】

(A)　製造指図書別原価計算表

製造指図書別原価計算表　（単位：千円）

	#102	#103	#104	#105	#106	合　計
期首仕掛品原価	9,300	6,700	——	——	——	16,000
直接材料費	——	3,500	24,000	29,500	7,000	64,000
直接労務費	4,400	5,600	11,800	13,400	2,800	38,000
製造間接費	6,600	8,400	17,700	20,100	4,200	57,000
合　計	20,300	24,200	53,500	63,000	14,000	175,000
備　考	完成・引渡済	完成・引渡済	完成・引渡済	完成・在庫	仕掛中	

(B) 仕掛品勘定と製品勘定の記入（単位：千円）

仕　掛　品

前期繰越	16,000	製　品	161,000
材　料	64,000	次期繰越	14,000
賃金・手当	38,000		
製造間接費	57,000		
	175,000		175,000

製　品

前期繰越	45,000	売上原価	143,000
仕掛品	161,000	次期繰越	63,000
	206,000		206,000

【解　説】

1．製造指図書別原価計算表の作成

期首仕掛品原価：9,300千円〈#102〉＋ 6,700千円〈#103〉＝ 16,000千円

直接材料費：資料１の金額をそのまま記入する。

直接労務費：2,000円/時×製造指図書別直接作業時間

製造間接費：直接労務費×150％

2．仕掛品勘定と製品勘定の記入

製造指図書別原価計算表は仕掛品勘定の内訳記録という関係にある。したがって，当該原価計算表における横（＝各行）の合計額は仕掛品勘定の借方記入額と対応し，縦（＝各列）の合計額は仕掛品勘定の貸方記入額と対応している。

次に製品勘定の記入に関しては，指図書別原価計算表の備考欄の記載から売上原価と期末製品を区別すればよい。なお，前期に完成済みの #101 は期首製品原価として計上されることに注意が必要である。製造指図書別の金額推移を図示すれば次のようになる（単位：千円）。

仕　掛　品

借方	貸方
期首仕掛品原価	当期完成品原価
#102　9,300	#102　20,300
#103　6,700	#103　24,200
当期総製造費用	#104　53,500
直接材料費64,000	#105　63,000
直接労務費38,000	期末仕掛品原価
製造間接費57,000	#106　14,000

製　品

借方	貸方
期首製品原価	当期売上原価
#101　45,000	#101　45,000
	#102　20,300
当期完成品原価	#103　24,200
#102　20,300	#104　53,500
#103　24,200	期末製品原価
#104　53,500	#105　63,000
#105　63,000	

Theme 03 個別原価計算

04 材料費会計
Theme

Check ここからは各論に入り，実際個別原価計算を前提に費目別計算を材料費会計から順に学習していく。材料費会計においては，購入原価の計算（材料副費の処理）に注意が必要である。

1 原価の費目別計算

原価の費目別計算とは，一定期間における原価要素の消費を，原価の種類別に分類・測定する手続きをいい，原価計算における第１次の計算段階である。

原価の費目別計算は，形態別分類を前提に製品との関連における分類を加味して行われる。

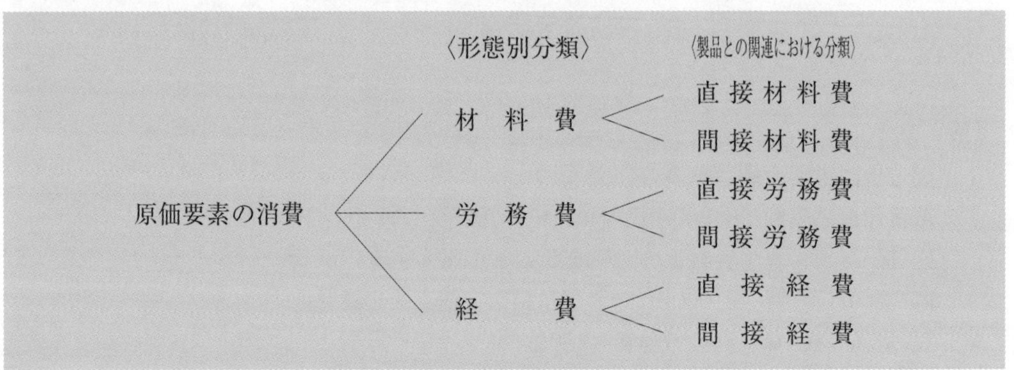

参考　原価計算基準９：原価の費目別計算

原価の費目別計算とは，一定期間における原価要素を費目別に分類測定する手続をいい，財務会計における費用計算であると同時に，原価計算における第一次の計算段階である。

2 材料費会計総論

1．材料費の意義

製品の製造のために物品を消費することにより発生する原価を材料費という。

2．材料費の分類

原価の費目別計算において，材料費は形態別分類に機能別分類を加味して，たとえば次のように分類する。

製品との関連における分類	形態別分類	具体例
直接材料費	主要材料費	自動車製造業の鋼板，石油精製業の原油
	買入部品費	自動車製造業のタイヤ・ガラス
間接材料費	補助材料費	補修用鋼材，溶接棒，酸素，燃料油
	工場消耗品費	切削油，機械油，グリス，電球，石鹸
	消耗工具器具備品費	スパナ，ドライバー，測定器具，机，椅子

(1) 製品との関連における分類

材料費は，製品との関連により，直接材料費と間接材料費とに分類される。

直接材料費	……	特定の製品製造のために，その消費額が直接に計算できる材料費をいう。
間接材料費	……	特定の製品製造のために，その消費額が直接に計算できない材料費をいう。

(2) 形態別分類

材料費は，形態別分類に機能別分類を加味して，次のように分類される。

主要材料費	……	製品の生産のために消費され，その製品の主要な構成物となる物品の消費額で，さらに素材費と原料費に分けられる。 ① 素材費：自動車製造業の鋼板や，家具製造業の木材のように，物理的な加工が行われる場合の物品の消費額をいう。 ② 原料費：石油精製業における原油の精製のように，化学的な加工が行われる場合の物品の消費額をいう。
買入部品費	……	外部から購入した物品がそのまま製品に取り付けられ，製品の構成部分となる物品の消費額をいう。
補助材料費	……	製品の生産を間接的に補助するために消費される物品のうち，金額的に重要であり，受払記録を行う必要のある物品の消費額をいう。
工場消耗品費（注1）	……	製品の生産を間接的に補助するために消費される物品のうち，重要度が低く，受払記録を行う必要のないものの消費額をいう。
消耗工具器具備品費（注1）	……	耐用年数が1年未満，もしくは購入金額が相当額未満（注2）のため，固定資産として処理する必要のない工具・器具・備品の消費額をいう。

（注1）受払記録を行わない工場消耗品費や消耗工具器具備品費は，一般に，買入額＝消費額とする。
（注2）金額は法人税法の規定によりたびたび変更されるが，現時点の規定では，10万円未満となっている。

参考　原価計算基準8,10

原価計算基準8（一部）：製造原価要素の分類基準

材料費とは，物品の消費によって生ずる原価をいい，おおむね次のように細分する。

1．素材費（又は原料費）　2．買入部品費　3．燃料費　4．工場消耗品費
5．消耗工具器具備品費

原価計算基準10（一部）：費目別計算における原価要素の分類

費目別計算においては，原価要素を，原則として，形態別分類を基礎とし，これを直接費と間接費とに大別し，さらに必要に応じ機能別分類を加味して，たとえば次のように分類する。

直接材料費：主要材料費（原料費），買入部品費
間接材料費：補助材料費，工場消耗品費，消耗工具器具備品費

3 材料購入原価の計算と処理

1. 材料の購入原価

材料を購入したときは，その購入原価を計算して材料勘定の借方に記録する。材料の購入原価は，原則として，購入代価に付随費用（材料副費）を加算した実際の購入原価で計算され，次の式で示すことができる。

> 購入原価＝購入代価＋引取費用
> または
> 購入代価＋引取費用＋引取費用以外の材料副費

なお，購入代価に加算する材料副費は，その一部または全部を予定配賦率により計算することができる。

購入代価 …… 材料の購入に際し，仕入先に支払うべき材料の代価をいい，材料主費ともいわれる。なお，購入代価は仕入先からの代金請求金額である「送状記載価額（おくりじょうきさいかがく）」にもとづいて，次のように計算される。

> 購入代価＝送状記載価額－（値引額＋割戻額（わりもどしがく））

（注）仕入割引については，財務収益と考え，営業外収益として処理する。

引取費用 …… 材料が仕入先から納入されるまでに要する付随費用であり，外部材料副費ともいわれる。
〈例〉買入手数料，引取運賃，荷役費（にやくひ），保険料，関税等

引取費用以外の材料副費 …… 材料を引き取り後，製造現場に出庫されるまでに要する付随費用であり，材料取扱・保管費または内部材料副費ともいわれる。
〈例〉購入事務費，検収費，整理費，手入費，保管費等

引取費用と引取費用以外の材料副費の関係を図で示すと，次のようになる。

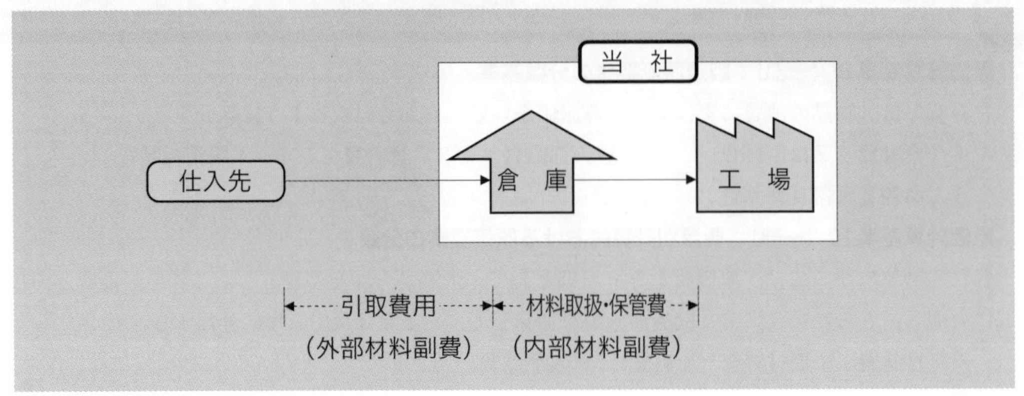

2. 材料副費の予定配賦

購入代価に加算する材料副費の一部または全部を予定配賦率により計算する場合には，一定期間（通常は1年間）の材料副費の予定総額を，その期間における予定配賦基準数値で除して算定する。

$$\text{予定配賦率}=\frac{\text{予算期間の材料副費予算額}}{\text{同期間の予定配賦基準数値}}$$

$$\text{予定配賦額}=\text{予定配賦率}\times\text{実際配賦基準数値}$$

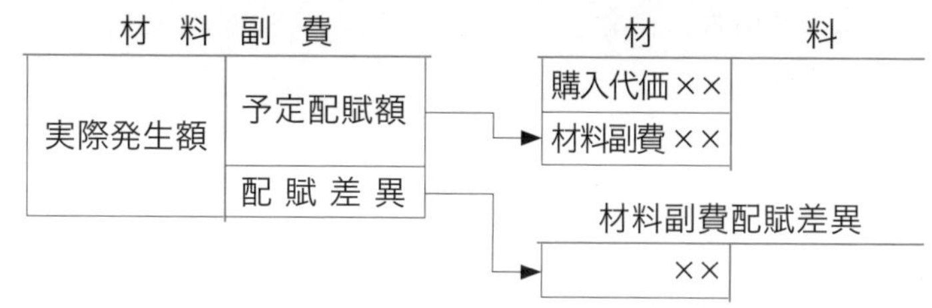

なお，材料副費の予定配賦には以下の方法がある。

(1) **総括配賦率を用いる方法**

材料副費全体で，単一の予定配賦率を用いる方法をいい，一定期間におけるすべての材料副費の予定総額を材料の予定購入代価総額または予定総購入数量で除して算定する。

(2) **費目別配賦率を用いる方法**

材料副費の費目別に別個の予定配賦率を用いる方法をいい，引取運賃などの外部材料副費は，一定期間における予定総額を材料の予定購入代価総額または予定総購入数量で除して予定配賦率を算定し，購入事務費，検収費，整理費，選別費，手入費，保管費などの内部材料副費については，それぞれ適当な配賦基準により予定配賦率を算定する。

〈配賦基準の例〉

内部材料副費	配賦基準
購入事務費	注文件数
検収費	購入数量
保管費	保管品の使用面積
	など

設例 4-1

当社では，材料の購入原価を購入代価にすべての材料副費を加えて計算している。A材料に関する資料にもとづいて各問に答えなさい。

（資　料）

1．A材料の購入記録（すべて掛け仕入）

4月8日　500個　購入代価2,100円/個
　　16日　400個　購入代価2,200円/個
　　25日　600個　購入代価2,000円/個

2．引取費用は，購入数量が599個までは60,000円，600個以上は90,000円かかり，仕入れるつど現金で支払っている。

3．内部材料副費実際発生額

購入事務費	検　収　費	合　　計
102,430円	129,190円	231,620円

内部材料副費は，購入代価を基準に配賦している。

〔問1〕

内部材料副費を実際配賦して，A材料の購入原価と購入単価を購入日ごとに計算しなさい。

〔問2〕

内部材料副費に関する予算データは次のとおりであるとする。そこで内部材料副費を予定配賦して，A材料の購入原価と購入単価を購入日ごとに計算しなさい。

内部材料副費年間予算額

購入事務費	検　収　費	合　　計
1,360,800円	1,663,200円	3,024,000円

A材料年間予定購入代価：2,100円/個×24,000個＝50,400,000円

【解　答】

〔問1〕内部材料副費を実際配賦した場合

	購入原価	購入単価
4月8日	1,187,700円	2,375.4円/個
4月16日	1,005,120円	2,512.8円/個
4月25日	1,378,800円	2,298円/個

〔問2〕内部材料副費を予定配賦した場合

	購入原価	購入単価
4月8日	1,173,000円	2,346円/個
4月16日	992,800円	2,482円/個
4月25日	1,362,000円	2,270円/個

【解　説】

〔問１〕内部材料副費を実際配賦した場合

１．内部材料副費実際配賦率の計算

４月購入代価合計：2, 100円/個×500個＋2, 200円/個×400個＋2, 000円/個×600個
＝3, 130, 000円

実際配賦率：$\frac{231,620円}{3,130,000円}\times 100 = 7.4\%$

２．購入原価と購入単価の計算

(1)　４月８日

購入原価：2, 100円/個×500個（購入代価）＋60, 000円（引取費用）＋2, 100円/個×500個×7. 4%（内部材料副費実際配賦額）

＝1, 187, 700円

購入単価：1, 187, 700円÷500個＝2, 375. 4円/個

(2)　４月16日

購入原価：2, 200円/個×400個＋60, 000円＋2, 200円/個×400個×7. 4%
＝1, 005, 120円

購入単価：1, 005, 120円÷400個＝2, 512. 8円/個

(3)　４月25日

購入原価：2, 000円/個×600個＋90, 000円＋2, 000円/個×600個×7. 4%
＝1, 378, 800円

購入単価：1, 378, 800円÷600個＝2, 298円/個

〔問２〕内部材料副費を予定配賦した場合

１．内部材料副費予定配賦率の計算

予定配賦率：$\frac{3,024,000円}{50,400,000円}\times 100 = 6\%$

２．購入原価と購入単価の計算

(1)　４月８日

購入原価：2, 100円/個×500個（購入代価）＋60, 000円（引取費用）＋2, 100円/個×500個×６%（内部材料副費予定配賦額）

＝1, 173, 000円

購入単価：1, 173, 000円÷500個＝2, 346円/個

なお，購入時の仕訳は次のようになる。

（材　　　料）	1, 173, 000	（買　掛　金）	1, 050, 000
		（現　　　金）	60, 000
		（材 料 副 費）	63, 000

(2)　４月16日

購入原価：2, 200円/個×400個＋60, 000円＋2, 200円/個×400個×６%
＝992, 800円

購入単価：992, 800円÷400個＝2, 482円/個

(3)　4月25日

購入原価：2, 000円/個×600個＋90, 000円＋2, 000円/個×600個×６％

＝1, 362, 000円

購入単価：1, 362, 000円÷600個＝2, 270円/個

参考までに４月の材料副費配賦差異を計算し，勘定連絡図を示すと，次のようになる。

材料副費配賦差異：3, 130, 000円×６％－231, 620円＝(－)43, 820円〔借方〕

予定配賦額 187,800円　　実際発生額

〈勘定連絡図〉

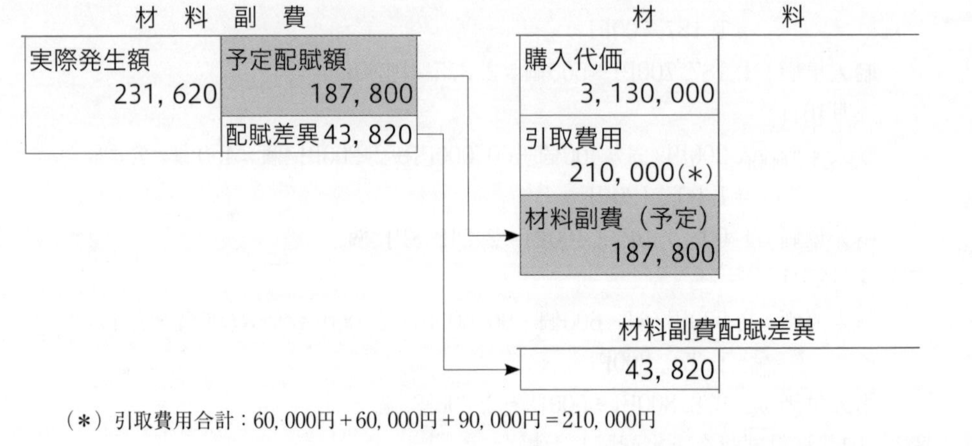

(*) 引取費用合計：60, 000円＋60, 000円＋90, 000円＝210, 000円

設例 4-2

当社では，材料の購入原価を購入代価にすべての材料副費を加えて計算している。下記の資料にもとづいて各問に答えなさい。

（資　料）

1．年間予算資料

(1) 年間予定送状価額，購入数量，注文回数

	A 材 料	B 材 料
予定送状価額	24, 380, 000円	9, 450, 000円
予定購入数量	115, 000kg	75, 000kg
予定注文回数	60回	40回

(2) 材料副費年間予算額

引 取 運 賃	その他の引取費用	購入事務費	検 収 費	合 計
1, 843, 000円	1, 014, 900円	125, 100円	247, 000円	3, 230, 000円

2．当月実績資料

(1) 送状価額と購入数量，注文回数

	A 材 料	B 材 料
送 状 価 額	1, 935, 000円	750, 000円
購 入 数 量	9, 000kg	6, 000kg
注 文 回 数	5回	3回

(2) 材料副費実際発生額

引 取 運 賃	その他の引取費用	購入事務費	検 収 費	合 計
156, 000円	80, 550円	10, 800円	21, 000円	268, 350円

〔問１〕

すべての材料副費を購入数量を基準に一括して予定配賦する場合について，各材料の購入原価と購入単価および材料副費配賦差異を計算しなさい。

〔問２〕

材料副費を費目別に予定配賦する場合について，各材料の購入原価と購入単価および材料副費配賦差異（合計）を計算しなさい。なお，材料副費の配賦基準は次のとおりである。

引 取 運 賃：購入数量　　その他の引取費用：送状価額
購 入 事 務 費：注文回数　　検 収 費：購入数量

【解　答】

〔問１〕材料副費を一括して予定配賦する場合

	A　材　料	B　材　料
購　入　原　価	2, 088, 000円	852, 000円
購　入　単　価	232円/kg	142円/kg

材料副費配賦差異
13, 350円〔借方〕

〔問２〕材料副費を費目別に予定配賦する場合

	A　材　料	B　材　料
購　入　原　価	2, 098, 305円	842, 253円
購　入　単　価	233. 145円/kg	140. 3755円/kg

材料副費配賦差異
12, 792円〔借方〕

【解　説】

〔問１〕材料副費を一括して予定配賦する場合

１．総括予定配賦率の計算

$$総括予定配賦率：\frac{3,230,000円}{115,000kg + 75,000kg} = @17円$$

２．購入原価と購入単価の計算

	A　材　料		B　材　料	
送　状　価　額		1, 935, 000円		750, 000円
材　料　副　費	@17円×9, 000kg =	153, 000円	@17円×6, 000kg =	102, 000円
合　　計		2, 088, 000円		852, 000円
購　入　単　価	2, 088, 000円÷9, 000kg = 232円/kg		852, 000円÷6, 000kg = 142円/kg	

３．材料副費配賦差異

材料副費配賦差異：@ 17円×(9, 000kg ＋ 6, 000kg) － 268, 350円 = (−) 13, 350円〔借方〕

（@ 17円×(9, 000kg ＋ 6, 000kg)：**予定配賦額 255, 000円**　268, 350円：**実際発生額**）

〈勘定記入〉

（単位：円）

買　掛　金

		材　　料	2, 685, 000

材　　料

買　掛　金	2, 685, 000		
材料副費	255, 000		

材　料　副　費

諸　　口	268, 350	材　　料	255, 000
		材料副費配賦差異	13, 350
	268, 350		268, 350

材料副費配賦差異

材料副費	13, 350		

〔問2〕材料副費を費目別に予定配賦する場合

1．費目別予定配賦率の計算

引取運賃：$\dfrac{1,843,000円}{115,000kg+75,000kg}$＝@9.7円

その他の引取費用：$\dfrac{1,014,900円}{24,380,000円+9,450,000円}$＝@0.03円

購入事務費：$\dfrac{125,100円}{60回+40回}$＝@1,251円

検収費：$\dfrac{247,000円}{115,000kg+75,000kg}$＝@1.3円

2．購入原価と購入単価の計算

	A材料		B材料	
送状価額		1,935,000円		750,000円
引取運賃	@9.7円×9,000kg＝	87,300円	@9.7円×6,000kg＝	58,200円
その他の引取費用	@0.03円×1,935,000円＝	58,050円	@0.03円×750,000円＝	22,500円
購入事務費	@1,251円×5回＝	6,255円	@1,251円×3回＝	3,753円
検収費	@1.3円×9,000kg＝	11,700円	@1.3円×6,000kg＝	7,800円
合計		2,098,305円		842,253円
購入単価	2,098,305円÷9,000kg＝233.145円/kg		842,253円÷6,000kg＝140.3755円/kg	

3．材料副費配賦差異

引取運賃	：@9.7円×(9,000kg＋6,000kg)－156,000円	＝(－) 10,500円	〔借方〕
その他の引取費用	：@0.03円×(1,935,000円＋750,000円)－80,550円＝	0円	〔——〕
購入事務費	：@1,251円×(5回＋3回)－10,800円	＝(－) 792円	〔借方〕
検収費	：@1.3円×(9,000kg＋6,000kg)－21,000円	＝(－) 1,500円	〔借方〕
合計		(－) 12,792円	〔借方〕

研究　購入原価に算入しない材料副費の処理

引取費用以外の材料副費（＝内部材料副費）は購入時点では金額が未確定であることが多く，すべての内部材料副費を購入原価に算入することは困難である。そのため，内部材料副費の一部または全部を材料の購入原価に含めない処理も認められている。

この場合の処理方法としては次の２つがある。

(1)　出庫材料に配賦する方法

この方法は，内部材料副費を購入原価に算入せず，材料出庫時に材料費（＝材料消費額）に対して配賦する方法である。

ところが，購入時に購入原価に算入する材料副費がある場合，購入時と出庫時の２つの時点で材料副費の加算が行われることになり面倒である。そのため，内部材料副費だけでなくすべての材料副費をまとめて材料出庫時に予定配賦することが多い。なお，この場合には，消費材料と期末材料では材料副費の発生割合が異なるため，あらかじめ予定配賦率を２つに分けておき，期末材料有高に対しても原価計算期末において材料副費を予定配賦する。なお，期末材料に配賦された材料副費は翌期首において材料副費勘定に再振替される。

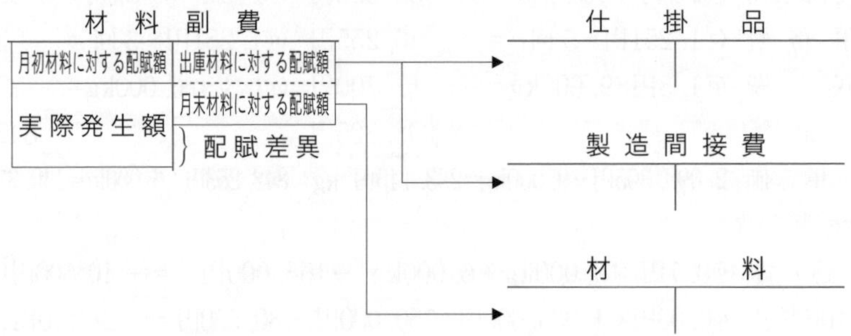

(2)　製造間接費として処理する方法

この方法では，購入原価に算入しなかった材料副費は製造間接費（間接経費）として処理されることになる。

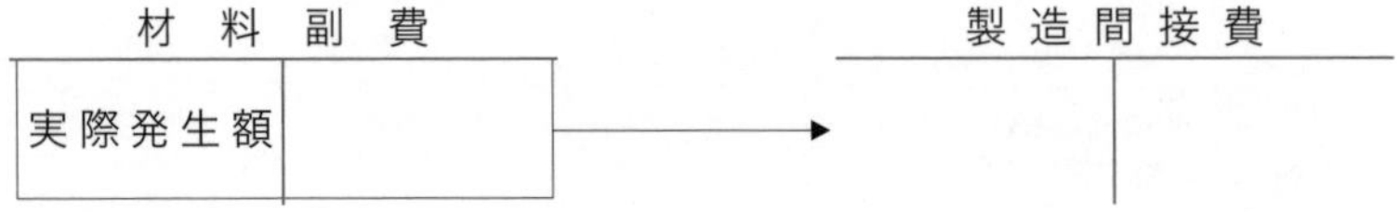

■設　例

当社ではA材料を主要材料，B材料を補助材料として使用しており，材料関係の当月実績資料は次のとおりであった。これにもとづき材料関係諸勘定の記入を完成させなさい。

（当月の実績）

1．送状価額と購入数量および消費数量

	A　材　料	B　材　料
送　状　価　額	1,935,000円	750,000円
購　入　数　量	9,000kg	6,000kg
消　費　数　量	8,000kg	5,000kg

（注）月初材料在庫量はない。また当月において棚卸減耗は発生していない。

2．材料副費実際発生額

引　取　運　賃	その他の引取費用	購入事務費	検　収　費	合　計
156,000円	80,550円	10,800円	21,000円	268,350円

〔問1〕

材料の購入原価は，購入代価（送状価額）のみで計算し，材料副費は材料出庫時に出庫金額を基準に予定配賦している。予定配賦率は出庫材料に対しては10%，在庫材料に対しては5％とする。

〔問2〕

材料の購入原価は，購入代価（送状価額）に引取費用を加算して計算しており，引取運賃は購入数量，その他の引取費用は送状価額を基準に実際配賦している。また内部材料副費については，実際発生額を製造間接費として処理している。

【解答・解説】

〔問1〕

（単位：円）

材　料

借方	金額	貸方	金額
買　掛　金	2,685,000	仕　掛　品	1,720,000
材料副費	17,000	製造間接費	625,000
		次月繰越	357,000
	2,702,000		2,702,000

仕　掛　品

借方	金額	貸方	金額
材　料	1,720,000		
材料副費	172,000		

材料副費

借方	金額	貸方	金額
諸　口	268,350	仕　掛　品	172,000
		製造間接費	62,500
		材　料	17,000
		材料副費配賦差異	16,850
	268,350		268,350

製造間接費

借方	金額	貸方	金額
材　料	625,000		
材料副費	62,500		

Theme 04 材料費会計

1．材料勘定の記入

購入原価：

A 材 料；1, 935, 000円（@215円）

B 材 料； 750, 000円（@125円）

計 2, 685, 000円

材料消費額：

A 材 料；@215円×8, 000kg=1, 720, 000円（仕掛品勘定へ）

B 材 料；@125円×5, 000kg= 625, 000円（製造間接費勘定へ）

月末材料有高：

A 材 料；@215円×(9, 000kg－8, 000kg) ＝ 215, 000円

B 材 料；@125円×(6, 000kg－5, 000kg) ＝ 125, 000円

材料副費配賦額；(215, 000円+125, 000円)×5％ ＝ 17, 000円

計 357, 000円

2．材料副費勘定の記入

材料副費配賦額：

A材料費；1, 720, 000円×10% ＝ 172, 000円（仕掛品勘定へ）

B材料費； 625, 000円×10% ＝ 62, 500円（製造間接費勘定へ）

月末材料；(215, 000円+125, 000円)×5％ ＝ 17, 000円（材料勘定へ）

合 計 251, 500円

材料副費配賦差異：251, 500円〈予定〉－268, 350円〈実際〉＝(−)16, 850円〔借方〕

〔問2〕

（単位：円）

材 料

借方		貸方	
買 掛 金	2, 685, 000	仕 掛 品	1, 854, 800
材料副費	236, 550	製造間接費	695, 750
		次月繰越	371, 000
	2, 921, 550		2, 921, 550

仕 掛 品

借方		貸方	
材 料	1, 854, 800		

材 料 副 費

借方		貸方	
諸 口	268, 350	材 料	236, 550
		製造間接費	31, 800
	268, 350		268, 350

製造間接費

借方		貸方	
材 料	695, 750		
材料副費	31, 800		

1．材料勘定の記入

購入原価：

送状価額；1, 935, 000円〈A材料〉＋750, 000円〈B材料〉=2, 685, 000円

材料副費；156, 000円〈引取運賃〉＋80, 550円〈その他の引取費用〉=236, 550円

〈内　訳〉

	A 材 料		B 材 料	
送 状 価 額		1, 935, 000円		750, 000円
引 取 運 賃(*)	@10. 4円×9, 000kg =	93, 600円	@10. 4円×6, 000kg =	62, 400円
その他の引取費用(*)	@0. 03円×1, 935, 000円 =	58, 050円	@0. 03円×750, 000円 =	22, 500円
合　計		2, 086, 650円		834, 900円
購 入 単 価	2, 086, 650円÷9, 000kg = 231. 85円/kg		834, 900円÷6, 000kg = 139. 15円/kg	

（＊）材料副費の実際配賦率

引取運賃：$\frac{156,000円}{9,000kg + 6,000kg}$ = @10. 4円

その他の引取費用：$\frac{80,550円}{1,935,000円 + 750,000円}$ = @0. 03円

材料消費額：

A　材　料；@231. 85円×8, 000kg = 1, 854, 800円（仕掛品勘定へ）

B　材　料；@139. 15円×5, 000kg = 695, 750円（製造間接費勘定へ）

月末材料有高：

A　材　料；@231. 85円×(9, 000kg－8, 000kg) = 231, 850円

B　材　料；@139. 15円×(6, 000kg－5, 000kg) = 139, 150円

計　371, 000円

2．材料副費勘定の記入

外部材料副費：236, 550円（材料勘定へ）

内部材料副費：10, 800円〈購入事務費〉＋ 21, 000円〈検収費〉＝ 31, 800円（製造間接費勘定へ）

3. 予定価格による材料の購入原価の計算

材料の購入原価は，原則として実際の購入原価（前述の**3**の1．参照）によるが，必要ある場合には，予定価格をもって計算することができる。予定価格によって購入原価を計算した場合には，材料受入価格差異（購入材料価格差異）が把握される。

また，この方法では，材料勘定はすべて 予定価格×実際数量 で記録され，次のような特徴がある。

① 数量さえ判明すれば記帳できるため，計算記帳事務が簡略化・迅速化される。
② 購入分について価格差異を把握するので，購買活動の管理に役立つ。

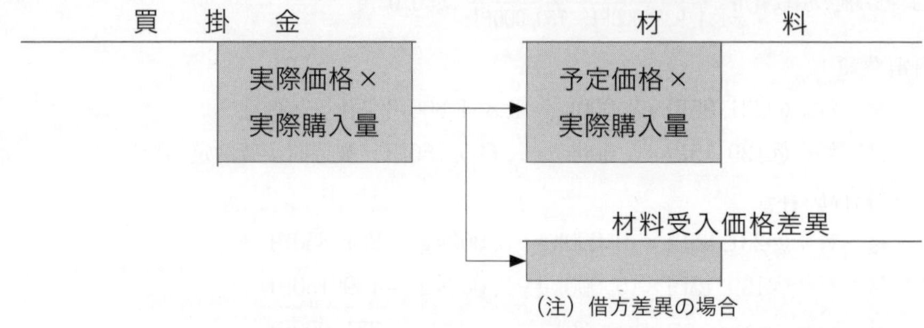

材料受入価格差異＝(予定価格－実際価格)×実際購入量

設例 4-3

当工場では，主要材料はすべて掛けで仕入れ，材料勘定には予定価格（200円/kg）で借記される。また主要材料はすべて直接材料として出庫される。

下記に示す当月の材料記録にもとづいて，材料関係諸勘定の記入を行いなさい。

（当月の材料記録）

月初在庫量	当月購入量(実際購入価格)	当月消費量	月末在庫量
1,000kg	9,000kg(207円/kg)	8,000kg	2,000kg

（注）月初在庫量からは価格差異は生じていない。

【解　答】(単位：円)

材　料

借方		貸方	
前月繰越	200,000	仕掛品	1,600,000
買掛金	1,800,000	次月繰越	400,000
	2,000,000		2,000,000

材料受入価格差異

借方		貸方	
買掛金	63,000		

【解　説】

材料の購入原価を予定価格により計算する場合には，材料勘定の記録はすべて予定価格の200円/kgで行われるため，計算記帳事務が簡略化・迅速化される。

また，購入数量に対する価格差異を把握するため，購買活動の管理に役立つ資料が入手できる。

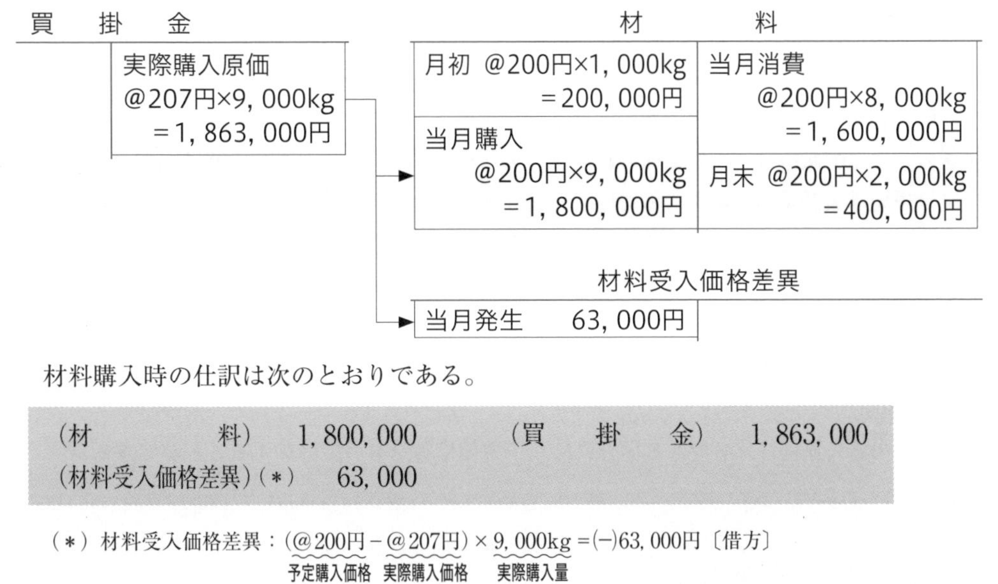

材料購入時の仕訳は次のとおりである。

（材　　　料）	1, 800, 000	（買　掛　金）	1, 863, 000
（材料受入価格差異）（＊）	63, 000		

（＊）材料受入価格差異：（@200円 − @207円）× 9, 000kg ＝（−）63, 000円〔借方〕
（@200円：予定購入価格，@207円：実際購入価格，9, 000kg：実際購入量）

補足　価格差異を購入時に把握するメリット

予定価格を用いる方法には，［設例4－3］のように，予定価格を用いて購入原価を計算する方法のほかに，材料の消費額のみを予定価格で計算する方法（後述）もある。両者は，予定価格を使用するタイミングが異なるが，材料管理の観点からみれば，消費時点よりも購入時点で予定価格を用いるほうが購買活動の良否が把握できるため望ましいといえる。

原価計算基準11（一部）：材料費計算

(4) 材料の購入原価は，原則として，実際の購入原価とし，次のいずれかの金額によって計算する。

1 購入代価に買入手数料，引取運賃，荷役費，保険料，関税等材料買入に要した引取費用を加算した金額

2 購入代価に引取費用ならびに購入事務，検収，整理，選別，手入，保管等に要した費用（引取費用と合わせて以下これを「材料副費」という。）を加算した金額。ただし，必要ある場合には，引取費用以外の材料副費の一部を購入代価に加算しないことができる。

購入代価に加算する材料副費の一部又は全部は，これを予定配賦率によって計算することができる。予定配賦率は，一定期間の材料副費の予定総額を，その期間における材料の予定購入代価又は予定購入数量の総額をもって除して算定する。ただし，購入事務費，検収費，整理費，選別費，手入費，保管費等については，それぞれに適当な予定配賦率を設定することができる。

材料副費の一部を材料の購入原価に算入しない場合には，これを間接経費に属する項目とし又は材料費に配賦する。

購入した材料に対して値引又は割戻等を受けたときには，これを材料の購入原価から控除する。（中略）

材料の購入原価は，必要ある場合には，予定価格等をもって計算することができる。

4 材料消費額の計算と処理

材料消費額（材料費）の計算は，材料の受払記録を行うか否かにより，次のように分けることができる。

受払記録	材料消費額の計算	適用例
行う	材料消費額＝材料の消費価格×実際消費量	主要材料費 買入部品費 補助材料費
行わない	材料消費額＝原価計算期間における買入額	工場消耗品費 消耗工具器具備品費

1. 受払記録を行う材料の消費額の計算

受払記録を行う材料の消費額を計算するためには，実際消費量の把握と消費価格の計算を行うことが必要になる。

⑴ 実際消費量の把握方法

実際消費量の把握方法には，継続記録法と棚卸計算法の２つの方法がある。

原則として継続記録法によって計算する。

① 継続記録法

材料の受入れ・払出しのつど，その数量を記録することで，絶えず帳簿残高を明らかにする方法をいう。

長所：帳簿残高と実際残高を比較することで棚卸減耗が把握できるので，材料の管理に有効である。
短所：記帳の手間がかかり，煩雑である。

② 棚卸計算法

材料の受入れのみをそのつど記録し，月末に材料の実地棚卸数量が判明したら，次の算式によって材料消費量を計算する方法である。

材料消費量＝月初在庫量＋当月購入量－月末在庫量

長所：計算・記帳手続が簡略化される。
短所：帳簿残高が判明せず，棚卸減耗が把握できないので，材料の管理には適さない。

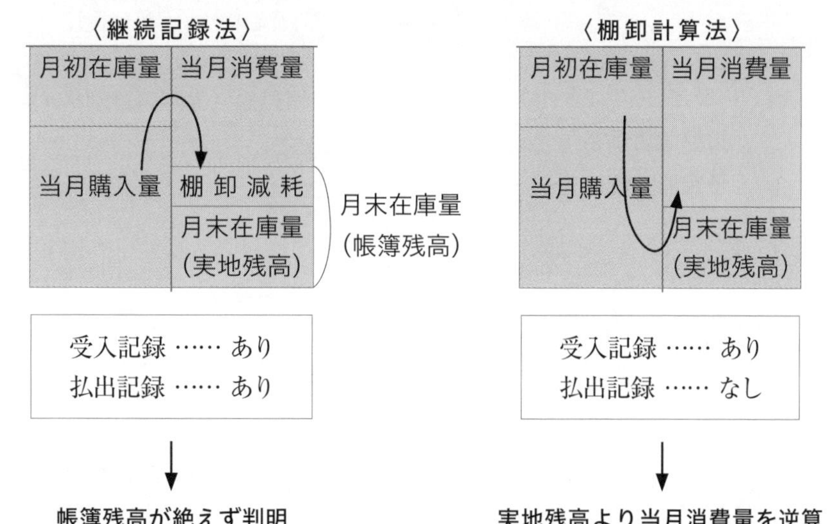

⑵ 消費価格の計算方法

材料の消費価格は，原則として前述の購入原価にもとづいて計算する。なお，同種材料の購入原価が異なる場合，その消費価格の計算は次の方法による。

① 先入先出法　② 移動平均法　③ 総平均法
④ 個別法

① **先入先出法**

先に購入した材料を先に払い出したものと仮定して，消費価格を計算する方法をいう。

② **移動平均法**

材料を異なる単価で購入するつど，平均単価を計算して消費価格とする方法をいう。

③ **総平均法**

一定期間の総平均単価を計算して，消費価格とする方法をいう。

④ **個別法**

購入した材料の価格を個別に管理し，その材料を払い出すときの消費価格とする方法をいう。

⑶ **予定価格による材料消費額の計算**

材料の消費価格は，必要ある場合には予定価格をもって計算することができる。予定価格によって材料の消費額を計算した場合に発生する原価差異を，材料消費価格差異という。

この方法には次のような特徴がある。

① 計算記帳事務が簡略化・迅速化される。
② 材料の価格変動による製品原価の変動を排除できる。

予 定 消 費 額 = 予定消費価格 × 実際消費量

材料消費価格差異 = 予定消費額 − 実際消費額
または
(予定消費価格 − 実際消費価格) × 実際消費量

実際消費額（実際消費価格×実際消費量）
実際消費価格
材料消費価格差異
予定消費価格
予 定 消 費 額
実際消費量

〈勘定連絡図〉

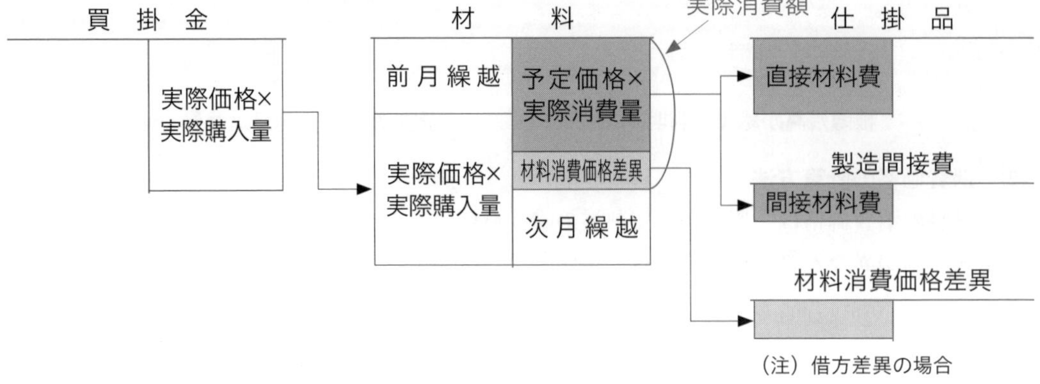

（注）借方差異の場合

2. 受払記録を行わない材料の消費額の計算

工場消耗品など受払記録を行わない材料の消費額は，原則として原価計算期間における買入額をもって消費額とする。

工 場 消 耗 品 消耗工具器具備品	消費額＝ 原価計算期間の買入額

参考 原価計算基準11（一部）：材料費計算

(1) 直接材料費，補助材料費等であって，出入記録を行なう材料に関する原価は，各種の材料につき原価計算期間における実際の消費量に，その消費価格を乗じて計算する。

(2) 材料の実際の消費量は，原則として継続記録法によって計算する。ただし，材料であって，その消費量を継続記録法によって計算することが困難なもの又はその必要のないものについては，たな卸計算法を適用することができる。

(3) 材料の消費価格は，原則として購入原価をもって計算する。

同種材料の購入原価が異なる場合，その消費価格の計算は，次のような方法による。

1 先入先出法　2 移動平均法　3 総平均法

4 後入先出法(注)　5 個別法

材料の消費価格は，必要ある場合には，予定価格等をもって計算することができる。

（中略）

(5) 間接材料費であって，工場消耗品，消耗工具器具備品等，継続記録法又はたな卸計算法による出入記録を行なわないものの原価は，原則として当該原価計算期間における買入額をもって計算する。

(注) 出題範囲の改定

『棚卸資産の評価に関する会計基準』により，平成22年4月以降に開始する事業年度から，棚卸資産の評価方法としての後入先出法が廃止されました。

日商簿記検定試験においては，第122回の検定試験（平成21年6月実施分）より出題範囲から除外されています。

設例 4-4

当工場では，材料はすべて掛けで仕入れ，材料勘定には実際購入原価で受入記帳をしている。下記の当月の材料記録にもとづいて，材料関係諸勘定の記入を行いなさい。

（資　料）

1．当工場ではA材料を主要材料，B材料を補助材料として使用しており，A材料については予定消費価格200円/kgを用いて消費額を計算している。

2．月初在高，当月購入高に関する資料

	月初在高		当月購入高	
	数　量	実際価格	数　量	実際価格
A 材 料	1,000kg	199円/kg	9,000kg	207円/kg
B 材 料	800kg	142円/kg	6,000kg	145.4円/kg

なお，このほかに工場消耗品としてC材料の当月購入高105,600円がある。

3．A材料の実際消費量は継続記録法により把握しており，当月の製造指図書別の実際出庫量は下記のとおりである。なお，実際消費価格は先入先出法によって計算する。また当月末において棚卸減耗は生じていない。

	#101	#102	#103	#104	#105	合　計
材料出庫量(kg)	1,200	1,800	2,400	1,850	750	8,000

4．B材料の実際消費量は棚卸計算法により把握しており，月末実地棚卸数量は600kgである。なお，実際消費価格は平均法によって計算している。

【解　答】(単位：円)

材　　料

借方	金額	貸方	金額
前月繰越	312,600	仕掛品	1,600,000
買掛金	2,841,000	製造間接費	1,004,600
		材料消費価格差異	48,000
		次月繰越	501,000
	3,153,600		3,153,600

材料消費価格差異

借方	金額	貸方	金額
材料	48,000		

【解　説】

本設例では，材料の種類別に計算を行って，材料勘定（統制勘定）への記入段階で各金額を合計する。

1．A材料（主要材料費）の計算

材料消費額は予定消費額（＝@200円×実際消費量）で計算され，実際消費額との差額で材料消費価格差異が把握される。

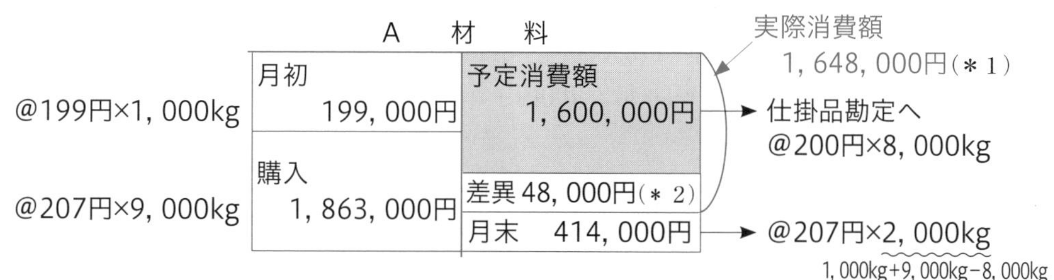

（＊1）実際消費額の計算（先入先出法）

実 際 消 費 額：@199円×1, 000kg＋@207円×(9, 000kg−2, 000kg)＝1, 648, 000円

（＊2）材料消費価格差異の計算

実際消費価格：1, 648, 000円÷8, 000kg＝@206円

材料消費価格差異：1, 600, 000円〈予定消費額〉−1, 648, 000円〈実際消費額〉＝(−)48, 000円〔借方〕

または

(@200円−@206円)×8, 000kg＝(−)48, 000円〔借方〕

予定消費価格 実際消費価格 実際消費量

2．B材料費（補助材料費）の計算

棚卸計算法を採用しているため，実際消費量は「月初在庫量＋当月購入量−月末在庫量」で算定する。

（＊1）実際消費価格の計算（平均法）

実際消費価格：$\dfrac{@142円×800kg＋145.4円×6,000kg}{800kg＋6,000kg}$＝@145円

（＊2）実際消費量の計算

実際消費量：800kg＋6, 000kg−600kg＝6, 200kg

3．C材料費（工場消耗品費）の計算

工場消耗品などの受払記録を行わない材料の消費額は，原則として原価計算期間における買入額をもって消費額とする。

4．まとめ（材料勘定の記入）

前 月 繰 越 額：199, 000円＋113, 600円＝312, 600円

当月購入原価：1, 863, 000円＋872, 400円＋105, 600円＝2, 841, 000円

当 月 消 費 額：

仕掛品勘定への振替額；1, 600, 000円〈A材料〉

製造間接費勘定への振替額；899, 000円〈B材料〉＋105, 600円〈C材料〉＝1, 004, 600円

材料消費価格差異：48, 000円

次 月 繰 越 額：414, 000円＋87, 000円＝501, 000円

参考までに，製造指図書別原価計算表（一部）の記入を示せば，次のようになる。

製造指図書別原価計算表(一部)　(単位：円)

		#101	#102	#103	#104	#105	合　計
@200円	直接材料費	240, 000	360, 000	480, 000	370, 000	150, 000	1, 600, 000

参考　材料元帳の記入

〈例〉X材料に関する6月の取引

1日　前月繰越　200kg（120.0円/kg）
3日　購入　1,000kg（140.0円/kg）
7日　出庫　800kg
10日　〃　300kg
12日　購入　400kg（150.0円/kg）
16日　10日出庫分の倉庫への戻し入れ　20kg
25日　出庫　300kg

① 先入先出法

日付		受入			払出			残高		
月	日	数量	単価	金額	数量	単価	金額	数量	単価	金額
6	1	繰越								
		200	120.0	24,000				200	120.0	24,000
	3	1,000	140.0	140,000				⎧ 200	120.0	24,000
								⎩ 1,000	140.0	140,000
	7				⎧ 200	120.0	24,000			
					⎩ 600	140.0	84,000	400	140.0	56,000
	10				300	140.0	42,000	100	140.0	14,000
	12	400	150.0	60,000				⎧ 100	140.0	14,000
								⎩ 400	150.0	60,000
	16				−20	140.0	−2,800	⎧ 120	140.0	16,800
								⎩ 400	150.0	60,000
	25				⎧ 120	140.0	16,800			
					⎩ 180	150.0	27,000	220	150.0	33,000
	30				1,380		191,000			
					繰越					
					220		33,000			
		1,600		224,000	1,600		224,000			

Theme 04 材料費会計

② 移動平均法

日付		受入			払出			残高		
月	日	数量	単価	金額	数量	単価	金額	数量	単価	金額
6	1	繰越								
		200	120.0	24,000				200	120.0	24,000
	3	1,000	140.0	140,000				1,200	136.7	164,000
	7				800	136.7	109,360	400	136.6	54,640
	10				300	136.6	40,980	100	136.6	13,660
	12	400	150.0	60,000				500	147.3	73,660
	16				−20	136.6	−2,732	520	146.9	76,392
	25				300	146.9	44,070	220	146.9	32,322
	30				1,380		191,678			
					繰越					
					220		32,322			
		1,600		224,000	1,600		224,000			

(注) 平均単価は小数点第2位を四捨五入している。なお，端数処理による誤差は残高で調整している。

・6月3日　購入時の平均単価

164,000円÷1,200kg≒136.7円/kg

・6月12日　購入時の平均単価

73,660円÷500kg≒147.3円/kg

③ 総平均法

日付		受入			払出			残高		
月	日	数量	単価	金額	数量	単価	金額	数量	単価	金額
6	1	繰越								
		200	120.0	24,000				200	120.0	24,000
	3	1,000	140.0	140,000				1,200		
	7				800			400		
	10				300			100		
	12	400	150.0	60,000				500		
	16				−20			520		
	25				300			220	140.0	30,800
	30				1,380	140.0	193,200			
					繰越					
					220		30,800			
		1,600	140.0	224,000	1,600		224,000			

(注) 総平均単価

224,000円÷1,600kg＝140.0円/kg

5 月末材料の管理

材料消費量計算において，継続記録法を採用している場合には，絶えず材料の帳簿上の在庫数量が明らかになる。この場合には定期的に実地棚卸を行うことで，棚卸減耗を把握することができる。

ここで棚卸減耗とは，材料の保管中に生じた，破損，紛失，蒸発などによる減耗量をいう。

この棚卸減耗の発生金額を棚卸減耗費といい，次の式で計算される。

棚卸減耗費＝帳簿棚卸高－実地棚卸高

棚卸減耗費は，その発生原因により以下の２種類に分けられる。

1. 正常な棚卸減耗費

材料保管中に生じる材料の変質，蒸発などの正常な原因から生じるもの（＝通常起こりうる程度）であり，これらは製品の製造上不可避的に発生するため，製品の製造原価に算入する。この場合の棚卸減耗費は，間接経費として製造間接費に計上する。

〈仕　訳〉

（製造間接費）	×××	（材　　料）	×××

2. 異常な棚卸減耗費

盗難，火災，水害などの異常な原因によって発生した場合の棚卸減耗費は，製品の製造に必要な原価とはいえず非原価項目となる。そこで，異常な損失として損益勘定に振り替え，損益計算書の特別損失に計上される。

〈仕　訳〉

設例 4-5

当工場では，材料はすべて掛けで仕入れ，材料勘定には実際購入原価で受入記帳をしている。下記の当月の材料記録にもとづいて，(1)棚卸減耗の計上に関する仕訳を示すとともに，(2)材料勘定の記入を行いなさい。なお，当工場では正常な棚卸減耗については棚卸減耗費勘定を使用していない。

（資　料）

1．当工場ではA材料を主要材料，B材料を補助材料として使用しており，A材料については予定消費価格200円/kgを用いて消費額を計算している。

2．月初在高，当月購入高に関する資料

	月 初 在 高		当 月 購 入 高	
	数　量	実際価格	数　量	実際価格
A　材　料	1,000kg	199円/kg	9,000kg	207円/kg
B　材　料	800kg	142円/kg	6,000kg	145.4円/kg

なお，このほかに工場消耗品としてC材料の当月購入高105,600円がある。

3．A材料の実際消費量は継続記録法により把握しており，当月の製造指図書別の実際出庫量は下記のとおりである。なお，実際消費価格は先入先出法によって計算する。

A材料の月末実地棚卸数量は1,950kgであり，棚卸差額のうち30kgは正常な差額であった。

	#101	#102	#103	#104	#105	合　計
材料出庫量(kg)	1,200	1,800	2,400	1,850	750	8,000

4．B材料の実際消費量は棚卸計算法により把握しており，月末実地棚卸数量は600kgである。なお，実際消費価格は平均法によって計算している。

【解　答】（単位：円）

(1)　棚卸減耗の計上に関する仕訳

（製造間接費）	6,210	（材　　料）	10,350
（棚卸減耗費）	4,140		

(2)　材料勘定の記入

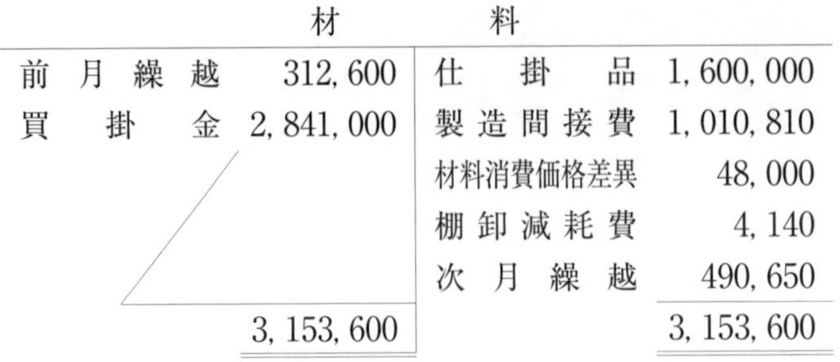

材　料

前月繰越	312,600	仕掛品	1,600,000
買掛金	2,841,000	製造間接費	1,010,810
		材料消費価格差異	48,000
		棚卸減耗費	4,140
		次月繰越	490,650
	3,153,600		3,153,600

【解　説】

本設例においても［設例４－４］と同様に材料の種類別に計算を行って，材料勘定（統制勘定）への記入段階で各金額を合計する（Ａ材料の棚卸減耗関係以外の計算は［設例４－４］と同じであるため省略する）。

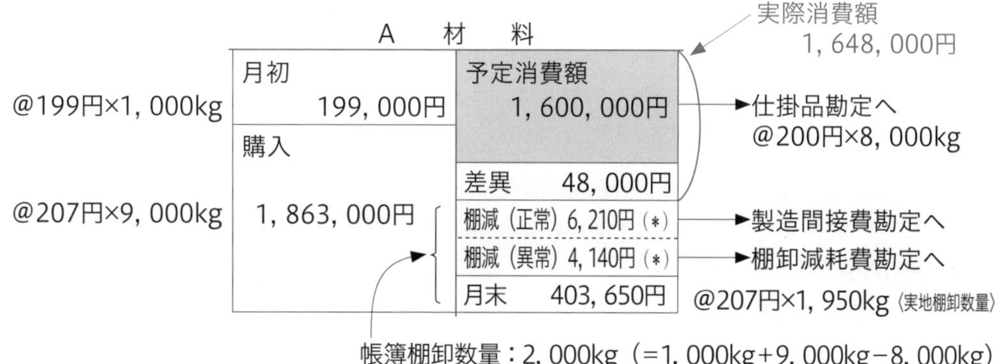

（*）棚卸減耗費の計算
　正常な棚卸減耗費：@207円×30kg＝6, 210円
　異常な棚卸減耗費：@207円×20kg＝4, 140円

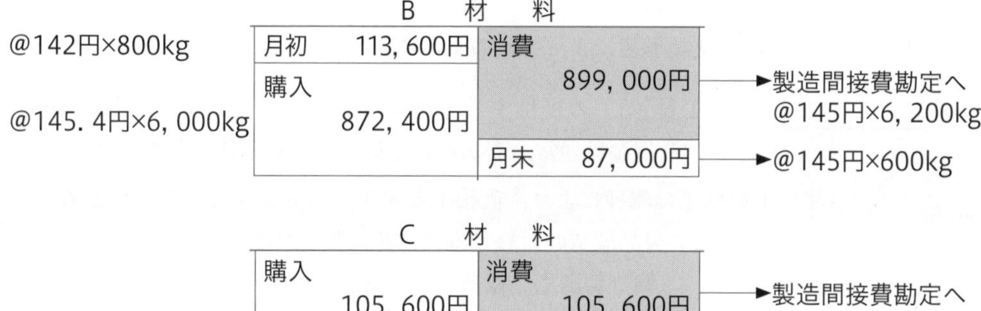

〈材料勘定の記入〉

前月繰越額：199, 000円＋113, 600円＝312, 600円

当月購入原価：1, 863, 000円＋872, 400円＋105, 600円＝2, 841, 000円

当月消費額：

　仕掛品勘定への振替額；1, 600, 000円〈Ａ材料〉

　製造間接費勘定への振替額；899, 000円〈Ｂ材料〉＋105, 600円〈Ｃ材料〉＋6, 210円〈正常な棚卸減耗費〉

　　＝1, 010, 810円

材料消費価格差異：48, 000円

棚卸減耗費：4, 140円〈異常な棚卸減耗費〉

次月繰越額：403, 650円＋87, 000円＝490, 650円

05 Theme 労務費会計

Check ここでは，原価の費目別計算のうち労務費の計算について学習する。特に，工員に対する給与である賃金に関する処理が重要である。

1 労務費会計総論

1. 労務費の意義

労務費とは，製品製造のために労働力を消費することにより発生する原価をいう。

2. 労務費の分類

(1) 支払形態による分類

工企業に従事する労働者は，その職務内容により，工員，事務職員，監督者，パートタイマーなどに分類され，日々の労働の対価として給与や賞与の支給を受ける。

しかし，労務費とは労働力を消費することにより発生する原価の全般をいうため，労働者に直接に支給される給与や賞与だけでなく，企業が負担する社会保険料なども労務費に含まれることに注意しなければならない。

労務費は，一般にその支払形態によって次のように分類する。

賃　　金 …… 工員（注）の提供する労働力に対して支払われる給与をいう。なお，賃金は通常，支払賃金を意味し，基本賃金と加給金からなる。

（注）工員はその職種により，直接工と間接工に分類することができる。

直接工：製品製造のために直接にその加工作業を行う工員
〈例〉切削工，機械工，組立工，塗装工など

間接工：製品製造のために直接作業以外の作業（間接作業）を行う工員
〈例〉修繕工，運搬工，清掃工など

給　　料 …… 事務職員および監督者の労働に対して支払われる給与をいう。

雑　　給 …… 臨時雇（りんじやとい）やパートタイマーの労働に対して支払われる給与をいう。

従業員賞与・手当 …… 工員，職員などの従業員に支払われる賞与・手当をいう。なお，ここでいう手当とは，作業に直接関係のない手当であって，家族手当，住宅手当，通勤手当などをいう。

退職給付費用 …… 会社の退職給与規定にしたがって支給される退職金に対する引当金の繰入額をいう。

法定福利費 …… 健康保険法，厚生年金保険法などにもとづく社会保険料のうち，会社側の負担額をいう。

休業手当など …… 労働基準法などの規定によって支給される休業中の給与に対する会社負担額など，労働対価性のない手当をいう。

(2) 製品との関連における分類

労務費は，特定の製品製造に関して，その消費額が個別に把握されるかどうかで，直接労務費と間接労務費に分けることができる。

直接労務費 …… 特定の製品製造に対して，その消費額を個別に把握することができる労務費をいう。
〈例〉直接工が行う直接作業分の賃金

間接労務費 …… 特定の製品製造に対して，その消費額を個別に把握することができない労務費をいう。
〈例〉(イ) 直接工が直接作業以外の作業をしたときの賃金
(ロ) 間接工の作業時間に対する賃金
(ハ) 給料，雑給，退職給付費用など

以上をまとめると次のようになる。

労務費	賃金	直接工の直接作業賃金	直接労務費
		直接工の直接作業以外の賃金	間接労務費
		間接工の賃金	
	給料，雑給		
	従業員賞与・手当		
	退職給付費用		
	法定福利費など		

参考　原価計算基準8，10

原価計算基準8（一部）：製造原価要素の分類基準

労務費とは，労働用役の消費によって生ずる原価をいい，おおむね次のように細分する。

1．賃金（基本給のほか割増賃金（わりましちんぎん）を含む。）　2．給料　3．雑給
4．従業員賞与手当　5．退職給与引当金繰入額　6．福利費（健康保険料負担金等）

原価計算基準10（一部）：費目別計算における原価要素の分類

費目別計算においては，原価要素を，原則として，形態別分類を基礎とし，これを直接費と間接費とに大別し，さらに必要に応じ機能別分類を加味して，たとえば次のように分類する。

直接労務費
　直接賃金（必要ある場合には作業種類別に細分する。）
間接労務費
　間接作業賃金，間接工賃金，手待賃金（てまちちんぎん），休業賃金，給料，従業員賞与手当，退職給与引当金繰入額，福利費（健康保険料負担金等）

Theme 05
労務費会計

3. 労務費関係の勘定連絡図

労務費のうち，その中心となる賃金と従業員諸手当に関する勘定連絡図を示すと，次のようになる。

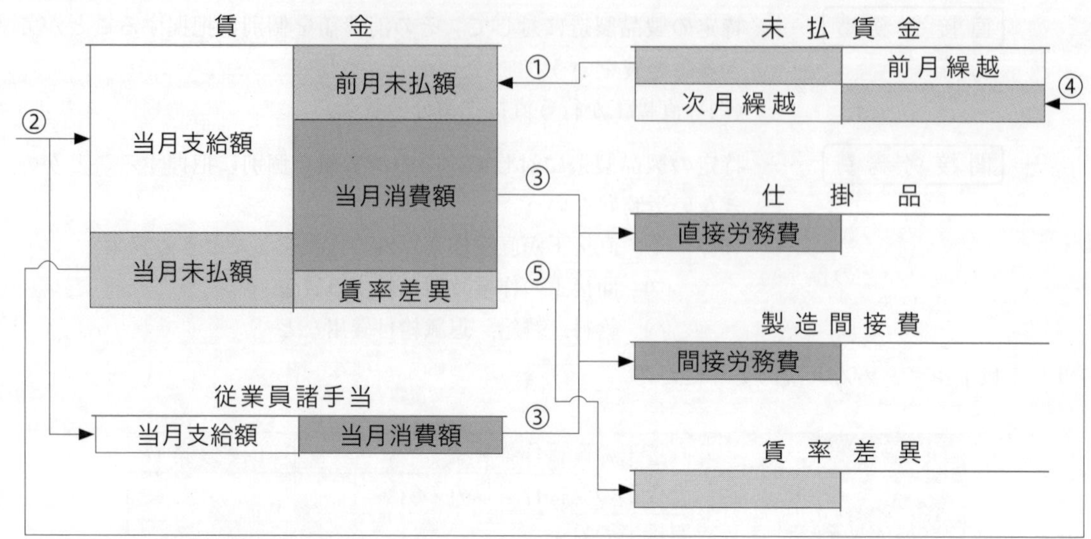

（注）賃金勘定と従業員諸手当勘定は，まとめて賃金・手当勘定とする場合もある。

〈仕　訳〉

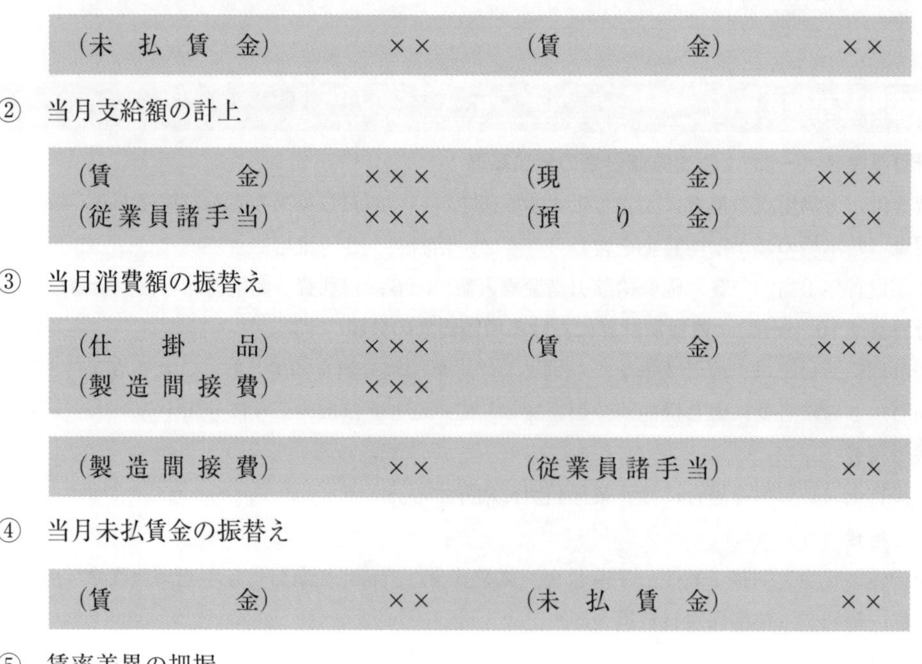

① 前月未払賃金の振替え

借方		貸方	
(未払賃金)	××	(賃　金)	××

② 当月支給額の計上

借方		貸方	
(賃　金)	×××	(現　金)	×××
(従業員諸手当)	×××	(預り金)	××

③ 当月消費額の振替え

借方		貸方	
(仕掛品)	×××	(賃　金)	×××
(製造間接費)	×××		

借方		貸方	
(製造間接費)	××	(従業員諸手当)	××

④ 当月未払賃金の振替え

借方		貸方	
(賃　金)	××	(未払賃金)	××

⑤ 賃率差異の把握

借方		貸方	
(賃率差異)	××	(賃　金)	××

（注）借方差異の場合

2 支払賃金の処理

賃金とは，工員の提供する労働力に対して支払われる給与をいう。賃金は通常，支払賃金のことをいい，『基本賃金＋加給金』(注) で計算される。

(注)

基本賃金：作業に対して支払われる基本給与をいう。
加 給 金：基本賃金のほかに支払われる作業に直接に関係のある手当をいう。
〈例〉定時間外作業手当（残業手当），夜業手当，能率手当，危険作業手当など

工員に対する給与は，支払賃金に通勤手当などの諸手当を加えた給与支給総額から，源泉所得税や社会保険料などの預り金を控除して支給される。

支 払 賃 金 ＝ 基本賃金 ＋ 加給金
給与支給総額 ＝ 支払賃金 ＋ 諸手当(家族手当，通勤手当など)
差引現金支給額 ＝ 給与支給総額 －（社会保険料，所得税などの控除額）

支払賃金の計算方法は，賃金の支払方法によって異なるが，たとえば時間給制の場合には，給与支給帳において工員別に計算され，一般仕訳帳を経て総勘定元帳に記録される。

〈例〉給与支給帳

給 与 支 給 帳

従業員No.	所属	氏名	基本賃金			加給金		支払賃金計	諸手当			支給総額	控除額				差引現金支給額
			時間	支払賃率	金額	能率手当	……		家族	通勤	計		健康保険料	所得税	住民税	計	
								×××			××	×××				××	×××

(賃　　　金)　×××　(現　　　金)　×××
(従業員諸手当)　××　(預　り　金)　××

3 賃金消費額の計算

1. 直接工の賃金消費額の計算

直接工の賃金消費額は，作業時間の測定にもとづいて，消費賃率に実際作業時間を乗じて計算する。

直接工の賃金消費額 ＝ 消費賃率×実際作業時間		
内	直接労務費	消費賃率×直接作業時間
訳	間接労務費	消費賃率×（間接作業時間 ＋ 手待時間）

(1) 実際作業時間の把握

直接工は，主として直接作業を行うが，一時的に材料の運搬などの間接作業などを行うこともある。直接工の賃金消費額のうち，直接作業分の賃金のみが直接労務費となり，その他の作業分の賃金は間接労務費となる。そのため，直接工については，作業時間の内訳記録が必要となり，これは出勤票や作業時間報告書（作業時間票）にもとづいて把握される。

〈例〉作業時間報告書

作業時間報告書

作業者名＿＿＿＿＿　No.＿＿＿＿
作業者 No.＿＿＿＿　日付＿＿年＿＿月＿＿日
作業 No.＿＿＿＿　製造指図書 No.＿＿＿＿
製造間接費目指定 No.＿＿＿＿

終了時刻	
開始時刻	
作業時間	

賃率	金額

また，直接工の１日の作業時間の内訳を示すと，次のようになる。

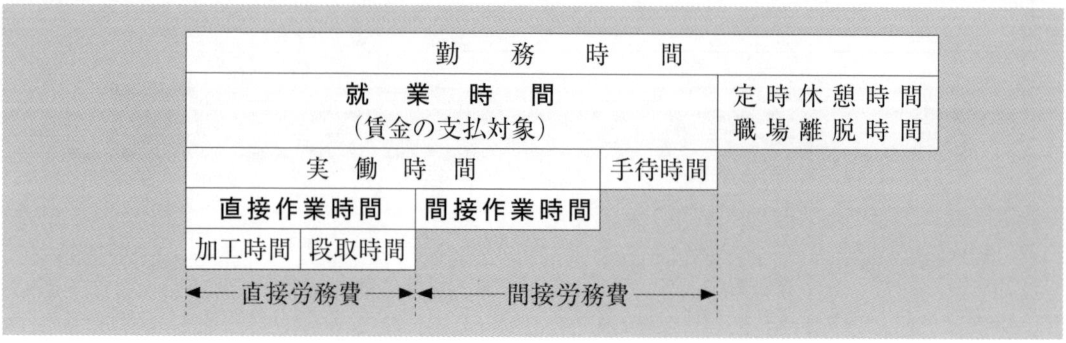

勤務時間				
就業時間（賃金の支払対象）				定時休憩時間 職場離脱時間
実働時間			手待時間	
直接作業時間		間接作業時間		
加工時間	段取時間			
←直接労務費→		←間接労務費→		

勤　務　時　間……工員が出社してから退社するまでのうち，「就業規則」に定められた拘束時間をいう。

定時休憩時間 職場離脱時間……昼食などのために設けられた休憩時間や，私用外出，面会，診療など，工員が自らの責任で職場を離れた時間をいう。この時間は賃金支払いの対象にならない。

就　業　時　間……勤務時間から定時休憩時間と職場離脱時間を差し引いた時間であり，勤務時間のうち賃金の支払対象となる時間をいう。

手　待　時　間……停電や材料待ち，工具待ちなど，工員の責任以外の原因によって作業ができない状態の遊休時間をいう（注）。

（注）臨時的，偶発的原因で生じた手待時間分の賃金は非原価項目となる。

間接作業時間……材料の運搬などの補助的な作業を行った時間をいう。

直接作業時間……直接に製品の製造作業に従事している時間をいい，さらに加工時間と段取時間に分けられる。

①　加工時間：製品の加工を行う時間をいう。

②　段取時間：加工作業前の準備時間や，加工途中における機械の調整，工具の取替えのための時間などをいう。

(2)　消費賃率の計算

直接工の消費賃率は，以下の式によって算定されることが多い。

①　消費賃率を，「基本賃金＋加給金」で計算する場合

$$消費賃率 = \frac{基本賃金 + 加給金}{総就業時間}$$

②　消費賃率を，「基本賃金＋加給金＋従業員賞与・手当」で計算する場合

$$消費賃率 = \frac{基本賃金 + 加給金 + 従業員賞与・手当}{総就業時間}$$

消費賃率の計算に算入される労務費は，①の「基本給＋加給金」とするのが一般的である。

しかし今日では，従業員賞与や諸手当も生活給の一部と考えられるため，直接工の賞与予想額および作業に直接関係のない扶養家族手当，住宅手当などの諸手当も消費賃率の計算に含めることがある。

設例 5-1

当社では，直接工の労務費を実際消費賃率で計算している。当月の直接工の労務費に関するデータは次のとおりである。以下の資料にもとづいて，実際消費賃率を計算し，直接労務費と間接労務費を求めなさい。

（資　料）

1．月間支給額

基 本 賃 金	2, 800, 000円
加　給　金	350, 000円
従業員諸手当	100, 000円

2．月間作業時間

直接作業時間	2, 250時間
間接作業時間	220時間
手 待 時 間	30時間

〔問1〕実際消費賃率を，基本賃金と加給金で計算する場合

〔問2〕実際消費賃率を，基本賃金，加給金，従業員諸手当の合計で計算する場合

【解　答】

〔問1〕実際消費賃率：1, 260円/時間

直接労務費：2, 835, 000円，間接労務費：415, 000円

〔問2〕実際消費賃率：1, 300円/時間

直接労務費：2, 925, 000円，間接労務費：325, 000円

【解　説】

賃率に含める労務費の範囲にかかわらず，総就業時間で除することに注意する。

〔問1〕実際消費賃率を，基本賃金と加給金で計算する場合

$$\text{実際消費賃率} = \frac{\text{基本賃金} + \text{加給金}}{\text{総就業時間}}$$

$$= \frac{2,800,000\text{円} + 350,000\text{円}}{2,250\text{時間} + 220\text{時間} + 30\text{時間}}$$

$$= 1,260\text{円/時間}$$

直接労務費：1, 260円/時間×直接作業時間2, 250時間＝2, 835, 000円

間接労務費：1, 260円/時間×間接作業時間220時間＝277, 200円

〃　　×手 待 時 間 30時間＝ 37, 800円

従業員諸手当　　100, 000円

間接労務費計　415, 000円

〔問２〕実際消費賃率を，基本賃金，加給金，従業員諸手当の合計で計算する場合

$$実際消費賃率=\frac{基本賃金+加給金+従業員諸手当}{総就業時間}$$

$$=\frac{2,800,000円+350,000円+100,000円}{2,250時間+220時間+30時間}$$

$$=1,300円/時間$$

直接労務費：1,300円/時間×直接作業時間2,250時間＝2,925,000円

間接労務費：1,300円/時間×間接作業時間220時間＝286,000円

〃　　×手 待 時 間 30時間＝ 39,000円

間接労務費計 325,000円

(3) 予定賃率による賃金消費額の計算

消費賃率は，必要ある場合には予定賃率によることができる。予定賃率により直接工の賃金消費額を計算した場合に発生する原価差異を，賃率差異という。

この方法には次のような特徴がある。

① 計算の簡略化および迅速化が図れる。
② 計算される賃金消費額は，賃率の変動の影響を受けることがない。

$$\text{予定消費賃率} = \frac{\text{基本賃金予算} + \text{加給金予算} + (\text{賞与・諸手当予算})}{\text{予定総就業時間}}$$

$$\text{予定消費額} = \text{予定消費賃率} \times \text{実際作業時間}$$

$$\text{賃率差異} = \text{予定消費額} - \text{実際消費額}$$
$$\text{または}$$
$$(\text{予定消費賃率} - \text{実際消費賃率}) \times \text{実際作業時間}$$

実際消費額（実際消費賃率×実際作業時間）

実際消費賃率 | 賃　率　差　異
予定消費賃率 | 予　定　消　費　額

実際作業時間

〈勘定連絡図〉

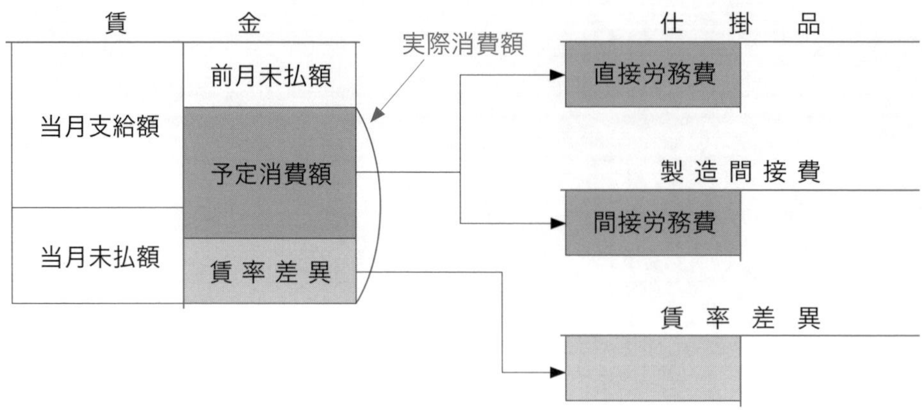

研究 賃率の種類

直接工の消費賃率には，次のような種類があるが，一般的に用いられるのは予定職種別平均賃率である。

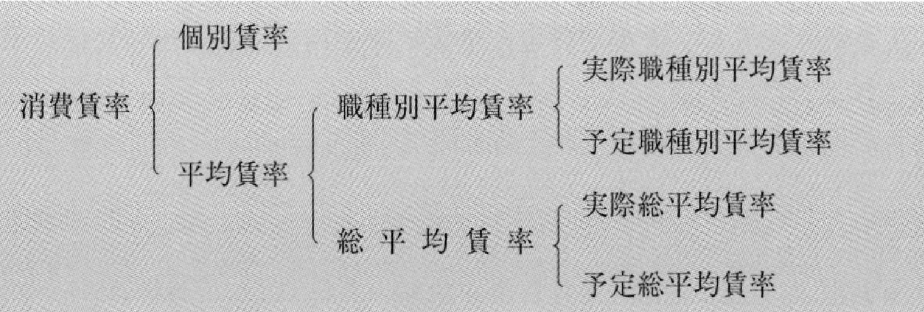

- 個別賃率 …… 個々の直接工ごとに計算される消費賃率をいう。
- 職種別平均賃率 …… 同一作業を行う直接工の賃率を平均したものをいう。
- 総平均賃率 …… 工場全体の直接工の賃率を平均したものをいう。

個別賃率は，計算が煩雑になるとともに，担当工員の賃率が製品原価にそのまま反映してしまう欠点がある。総平均賃率は，計算の手間は省けるが，職種による賃率の違いが製品原価に反映されないことになる。また実際賃率では，同じ職種でも，工員の賃率の違いが製品原価に反映してしまう。そこで，予定職種別平均賃率を使用することが多い。

参考 原価計算基準12（一部）：労務費計算

(1) 直接賃金等であって，作業時間又は作業量の測定を行なう労務費は，実際の作業時間又は作業量に賃率を乗じて計算する。賃率は，実際の個別賃率又は，職場もしくは作業区分ごとの平均賃率による。平均賃率は，必要ある場合には，予定平均賃率をもって計算することができる。

直接賃金等は，必要ある場合には，当該原価計算期間の負担に属する要支払額をもって計算することができる。

(4) 未払賃金の処理

原価計算期間は，暦日の１か月とするのが普通であるが，給与計算期間（給与支給額を計算する期間）は原価計算期間と一致していないことが多い。このような，原価計算期間と給与計算期間のズレから生じる差額を未払賃金（みばらいちんぎん）という。

未払賃金の記帳は，賃金勘定から未払賃金勘定へ振り替えるか，あるいは賃金勘定で次月繰越記入を行う。また，直接工賃金に予定賃率を用いている場合には，未払賃金は予定賃率で計算されることがある。

これらの関係を図で示せば次のようになる。

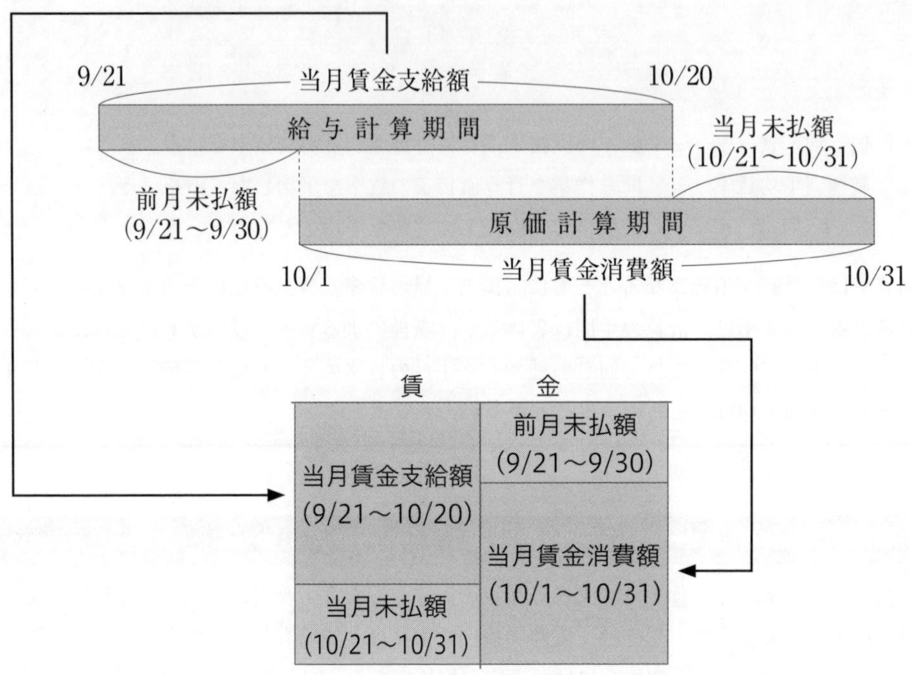

なお，未払賃金の調整を行い，原価計算期間に対応した当月賃金消費額のことを，原価計算期間における要支払額という。

設例 5-2

下記に示す当月の労務費関係の資料（直接工のみ）にもとづいて，賃金・手当勘定の記入を行いなさい。

（資　料）

(1) 直接工の労務費は予定平均賃率で計算する。

年間予定賃金・手当総額	19,440,000円
年間予定総就業時間	32,400時間

(2) 製造指図書別の直接作業時間（10/1より10/31まで）

	#101	#102	#103	#104	#105	合　計
直接作業時間（時間）	280	620	510	680	310	2,400

(3) 直接工作業時間票等の要約（10/1より10/31まで）

直接作業時間	2,400時間
間接作業時間	200時間
手待時間	50時間
合　計	2,650時間

(4) 直接工出勤票の要約（10/1より10/31まで）

10/1より10/20まで	1,720時間
10/21より10/31まで	930時間
合　計	2,650時間

(5) 直接工給与計算票の要約（9/21より10/20まで）

賃金・手当支給総額		1,600,000円
控除額		
所得税・住民税	150,000円	
社会保険料	170,000円	320,000円
差引：現金支給額		1,280,000円

(6) 9月末の未払賃金・手当は540,000円である。

(7) 10月末の未払賃金・手当は予定賃率で計算し，未払賃金・手当勘定に計上する。

【解　答】（単位：円）

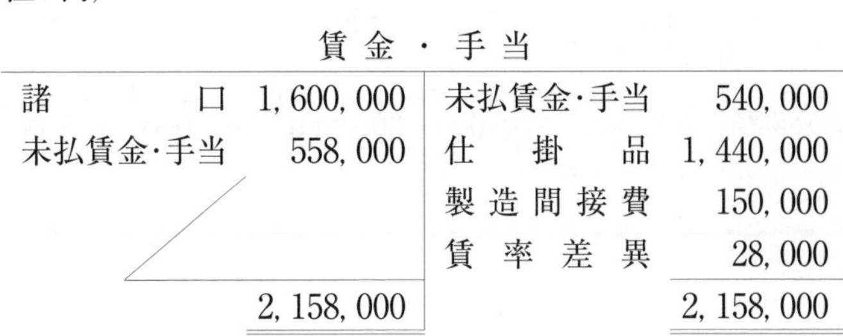

賃金・手当

借方		貸方	
諸口	1,600,000	未払賃金・手当	540,000
未払賃金・手当	558,000	仕掛品	1,440,000
		製造間接費	150,000
		賃率差異	28,000
	2,158,000		2,158,000

【解　説】

1．予定消費賃率の算定

$$\frac{19,440,000円}{32,400時間} = @600円$$

2．製造指図書別の直接労務費

@600円×指図書別直接作業時間

3．直接工賃金・手当の計算

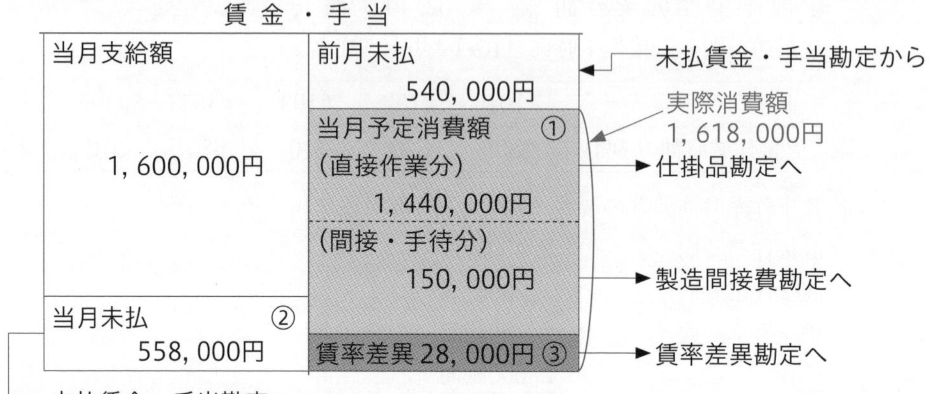

① 賃金・手当予定消費額

直接労務費：@600円×2,400時間　＝1,440,000円

間接労務費：@600円×(200時間＋50時間)　＝　150,000円

計　1,590,000円

② 当月未払賃金・手当：@600円×930時間＝558,000円

③ 賃率差異：予定消費額－実際消費額

＝1,590,000円－1,618,000円(＊)

＝(－)28,000円〔借方〕

(＊) 実際消費額：当月支給－前月未払＋当月未払

＝1,600,000円－540,000円＋558,000円

＝1,618,000円

参考までに，製造指図書別原価計算表（一部）の記入を示せば，次のようになる。

製造指図書別原価計算表（一部）　(単位：円)

		#101	#102	#103	#104	#105	合　計
@600円	直接労務費	168,000	372,000	306,000	408,000	186,000	1,440,000

2. 間接工の賃金消費額の計算

間接工については，計算の手間を省くために，直接工のような作業時間の内訳記録は行われないことが多い。そこで間接工の賃金消費額は，（出勤票にもとづいて計算した）原価計算期間において支払うべき賃金（＝原価計算期間における要支払額という）をもって消費額とする。

間接工の賃金消費額 ＝ 当月賃金支給額 － 前月賃金未払額 ＋ 当月賃金未払額

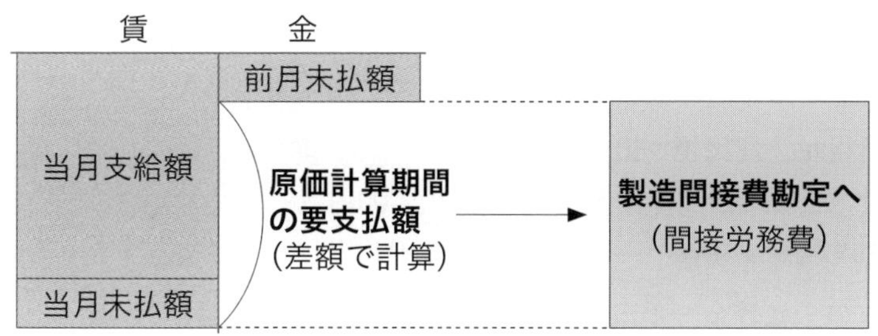

参考　原価計算基準12（一部）：労務費計算

⑵　間接労務費であって，間接工賃金，給料，賞与手当等は，原則として当該原価計算期間の負担に属する要支払額をもって計算する。

4 その他の労務費の計算

給料，雑給についても，原則として間接工賃金と同様に原価計算期間における要支払額をもって消費額とする。また，法定福利費，退職給付費用などのその他の労務費については，実際発生額または月割引当額を原価計算期間の消費額とする。

これらはいずれも，間接労務費として製造間接費に計上する。

設例 5-3

下記に示す当月の労務費関係の資料（間接工その他）にもとづいて，当月の間接労務費を計算しなさい。

（資　料）

1．間接工の賃金・手当

(1)　給与計算票の要約（9/21 ～ 10/20）

賃金・手当支給総額		450,000円
控除額		
所得税・住民税	40,000円	
社会保険料	30,000円	70,000円
差引：現金支給額		380,000円

(2)　9月末の未払賃金・手当（9/21 ～ 9/30）は120,000円である。

(3)　10月末の未払賃金・手当（10/21 ～ 10/31）は128,000円である。

2．その他の労務費

(1)　社会保険料の当月納付額　415,000円（うち従業員負担分 200,000円）

(2)　退職給付費用の当月負担額　105,000円

【解　答】

当月の間接労務費　778,000 円

【解　説】

1．間接工賃金は，原価計算期間（10/1～10/31）における要支払額をもって消費額とする。要支払額は貸借差額で計算する。

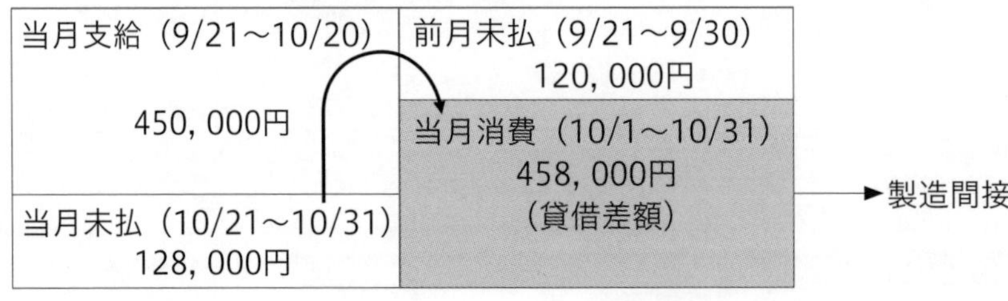

要支払額：当月支給－前月未払＋当月未払

＝450,000円－120,000円＋128,000円

＝458,000円

2．社会保険料納付額のうち会社負担額（法定福利費）は実際発生額を，退職給付費用は当月負担額を消費額とする。

3．当月の間接労務費

458,000円（間接工賃金・手当）＋(415,000円－200,000円)（法定福利費）＋105,000円（退職給付費用）＝778,000円

5 定時間外作業手当の処理

工員が定時間外作業（＝残業）を行った場合には，基本賃金のほかに加給金（割増賃金）が支給される。

定時間外作業にともなう加給金のことを定時間外作業手当（＝残業手当）とよぶが，直接工賃金の消費額を予定消費賃率により計算する場合には，当該手当を予定消費賃率に含めるか否かにより処理が分かれる。

1. 消費賃率に含める場合（通常の処理）

定時間外作業手当は，通常は加給金の一部として消費賃率の計算に含める。これにより，その賃率を適用して計算されたすべての製品原価に定時間外作業手当が含まれることになる。

設例 5-4

下記に示す当月の資料にもとづいて，賃金・手当勘定の記入を行いなさい。

（資　料）

(1) 直接工の労務費は予定平均賃率で計算する。

年間予定賃金・手当総額　19,764,000円
年間予定総就業時間　32,400時間

(2) 製造指図書別の直接作業時間（10/1より10/31まで）

	#101	#102	#103	#104	#105	合　計
直接作業時間（時間）	280	620	510	680	310	2,400

(3) 直接工作業時間票等の要約（10/1より10/31まで）

直接作業時間	2,400時間
間接作業時間	200時間
手待時間	50時間
合　計	2,650時間

(4) 直接工出勤票の要約（10/1より10/31まで）

定時間内作業	
10/1 より10/20まで	1,720時間
10/21より10/31まで	830時間
定時間外作業	
10/29，10/30	100時間
合　計	2,650時間

(5) 平均支払賃率　1時間あたり600円

（注）定時間外作業手当については，その時間数に平均支払賃率の40%を掛けて計算する。

⑹　給与計算票の要約（9/21より10/20まで）

賃金・手当支給総額		2,050,000円（うち間接工分 450,000円）
控除額		
所得税・住民税	190,000円	
社会保険料	200,000円	390,000円
差引：現金支給額		1,660,000円

⑺　9月末の未払賃金・手当は660,000円（うち間接工分120,000円）である。

⑻　10月末未払賃金・手当のうち，直接工分は平均支払賃率で計算する。間接工分は128,000円である。未払賃金・手当は未払賃金・手当勘定に計上する。

【解　答】（単位：円）

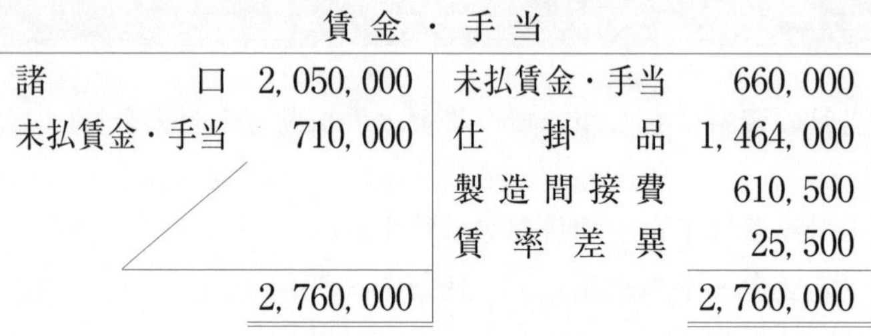

賃金・手当

借方	金額	貸方	金額
諸口	2,050,000	未払賃金・手当	660,000
未払賃金・手当	710,000	仕掛品	1,464,000
		製造間接費	610,500
		賃率差異	25,500
	2,760,000		2,760,000

【解　説】

1．直接工の予定平均賃率の算定

$$\frac{19,764,000円}{32,400時間}=@610円$$

（注）この予定平均賃率の中には，定時間外作業手当が含まれている。

2．消費賃金の計算

直接工と間接工は賃金消費額の計算方法が異なるので別々に計算しておき，勘定記入のときに金額を合計する。

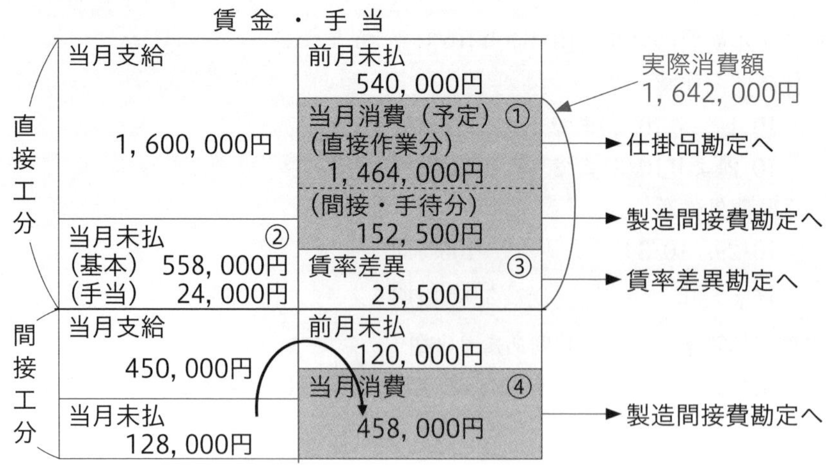

〈直接工分〉

① 賃金・手当予定消費額（定時間外作業手当を含む）

直接労務費：@610円×2, 400時間 ＝1, 464, 000円

間接労務費：@610円×(200時間＋50時間)＝ 152, 500円

計 1, 616, 500円

② 当月未払賃金・手当

基本賃金・手当分：@600円×(830時間＋100時間)＝558, 000円

定時間外作業手当分：@600円×40％×100時間 ＝ 24, 000円

計 582, 000円

(注) 平均支払賃率の中には定時間外作業手当が含まれていないため，別途計算する必要がある。

③ 賃率差異：賃金・手当予定消費額－賃金・手当実際消費額

＝1, 616, 500円－1, 642, 000円(＊)

＝(－)25, 500円〔借方〕

(＊) 賃金・手当実際消費額：当月支給－前月未払＋当月未払

＝1, 600, 000円－540, 000円＋582, 000円

＝1, 642, 000円

〈間接工分〉

④ 当月要支払額：当月支給－前月未払＋当月未払

＝450, 000円－120, 000円＋128, 000円

＝458, 000円

(注) 間接工の賃金消費額は要支払額で計算されるため，賃率差異は生じない。

2. 消費賃率には含めない場合

定時間外作業が経常的に行われていない工場において，特定の製造指図書の製品について例外的に定時間外作業を行うことがある。この場合には，定時間外作業が特定製品に起因することから，定時間外作業手当を消費賃率の計算に含めず別個に処理しておき，直接労務費として特定製品の製造原価に加算する。

一方，定時間外作業が経常的に行われており，どの製品の製造においても定時間外作業を行う可能性がある場合には，定時間外作業手当を特定製品の製造原価に負担させるのは望ましくない。したがって，このような場合においては，定時間外作業手当を間接労務費（製造間接費）として処理し，すべての製品の製造原価に負担させる。

基本賃金 ＝ 消費賃率×（定時間内作業時間 ＋ 定時間外作業時間）

定時間外作業手当 ＝ 時間あたりの定時間外作業手当×定時間外作業時間

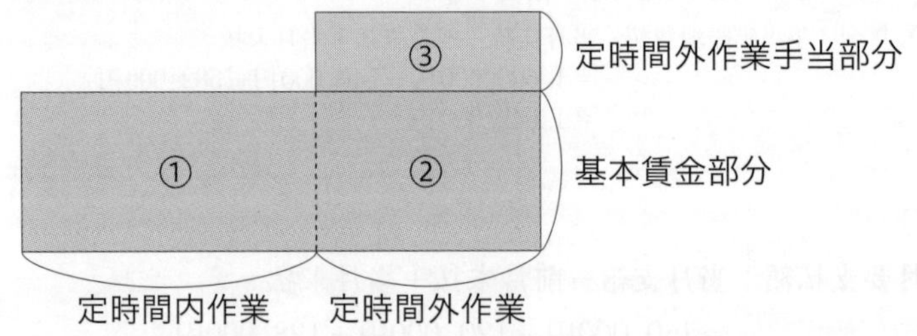

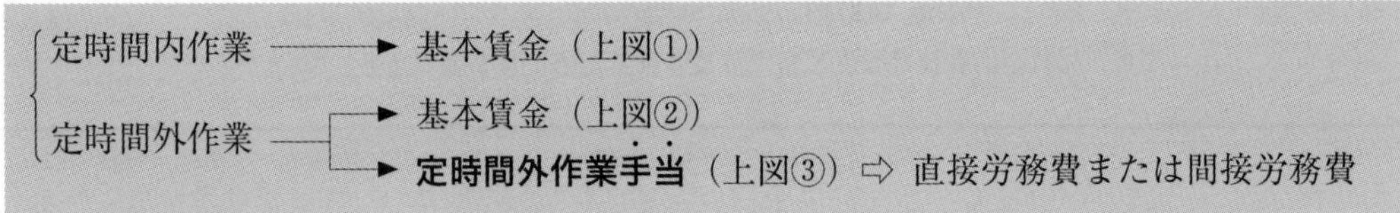

（注）定時間外作業の賃金のうち，定時間外作業手当（加給金）となるのは上図の③の部分のみである。

設例 5-5

下記に示す当月の資料にもとづいて，各問の賃金・手当勘定の記入を行いなさい。

（資　料）

(1)　直接工の労務費は予定平均賃率で計算する。

年間予定賃金・手当総額　　19,440,000円

年間予定総就業時間　　32,400時間

(2)　製造指図書別の直接作業時間（10/1より10/31まで）

	#101	#102	#103	#104	#105	合　計
直接作業時間（時間）	280	620	510	680	310	2,400

(3)　直接工作業時間票等の要約（10/1より10/31まで）

直接作業時間　　2,400時間

間接作業時間　　200時間

手 待 時 間　　50時間

合　　計　　2,650時間

(4)　直接工出勤票の要約（10/1より10/31まで）

定時間内作業

10/1 より10/20まで　　1,720時間

10/21より10/31まで　　830時間

定時間外作業

10/29，10/30　　100時間

合　　計　　2,650時間

なお，定時間外作業手当は，その時間数に予定平均賃率の40%を掛けて計算する。

(5)　給与計算票の要約（9/21より10/20まで）

賃金・手当支給総額　　2,050,000円（うち間接工分450,000円）

控除額

所得税・住民税　　190,000円

社 会 保 険 料　　200,000円　　390,000円

差引：現金支給額　　1,660,000円

(6)　9月末の未払賃金・手当は660,000円（うち間接工分120,000円）である。

(7)　10月末未払賃金・手当のうち，直接工分は予定平均賃率で計算する。間接工分は128,000円である。未払賃金・手当は未払賃金・手当勘定に計上する。

〔問１〕定時間外作業手当は製造指図書＃105の原価に賦課する場合

〔問２〕定時間外作業手当は間接労務費（製造間接費）として処理する場合

【解　答】(単位：円)

〔問１〕

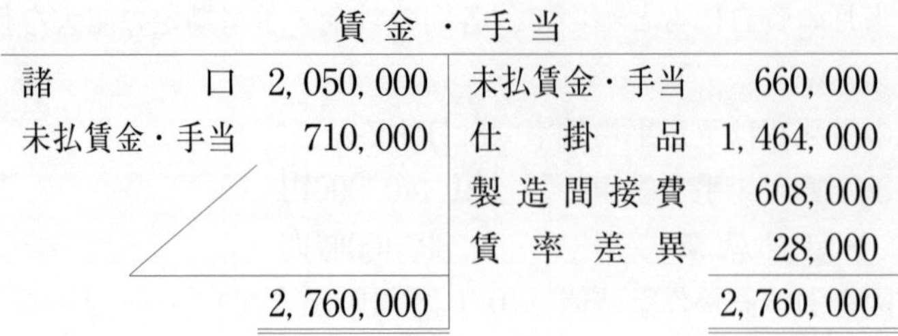

賃金・手当

借方		貸方	
諸　　口	2,050,000	未払賃金・手当	660,000
未払賃金・手当	710,000	仕　掛　品	1,464,000
		製造間接費	608,000
		賃率差異	28,000
	2,760,000		2,760,000

〔問２〕

賃金・手当

借方		貸方	
諸　　口	2,050,000	未払賃金・手当	660,000
未払賃金・手当	710,000	仕　掛　品	1,440,000
		製造間接費	632,000
		賃率差異	28,000
	2,760,000		2,760,000

【解　説】

〔問１〕定時間外作業手当を消費賃率に含めず，別途直接労務費として処理する方法

1．予定消費賃率の算定

$$\frac{19,440,000円}{32,400時間} = @600円$$

2．定時間外作業手当の計算

@600円×40%×100時間＝24,000円（直接労務費として仕掛品勘定へ）

割増賃金@240円

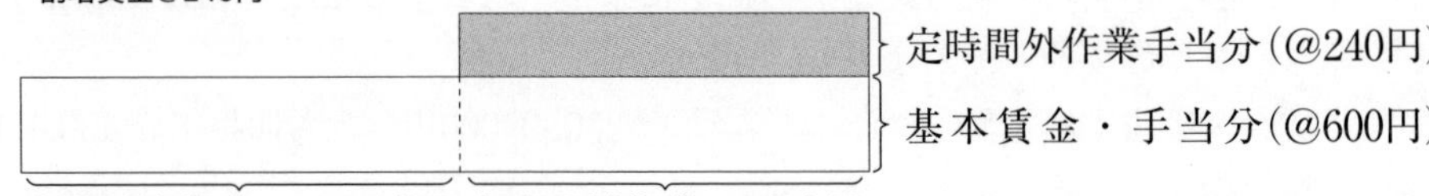

3．消費賃金の計算

直接工と間接工は賃金消費額の計算方法が異なるので別々に計算しておき，勘定記入のときに金額を合計する。

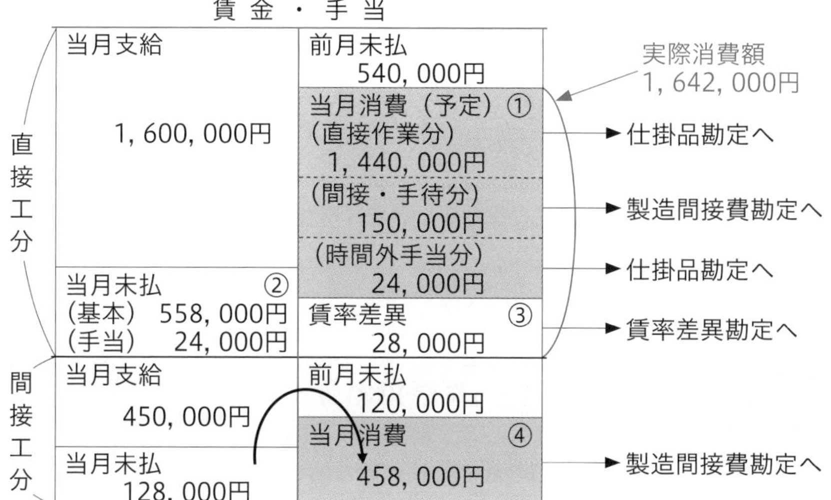

〈直接工分〉

① 賃金・手当予定消費額

直接労務費：

直接作業時間分；@600円×2,400時間	=	1,440,000円
定時間外作業手当分；@600円×40%×100時間	=	24,000円
間接労務費：@600円×(200時間＋50時間)	=	150,000円
計		1,614,000円

② 当月未払賃金・手当

基本賃金・手当分：@600円×(830時間＋100時間)	=	558,000円
定時間外作業手当分：@600円×40%×100時間	=	24,000円
計		582,000円

(注) 定時間外作業手当は消費賃率に含まれておらず，かつ，その作業は10/29，10/30に行われているため，当月未払賃金・手当にも定時間外作業手当が計上される。

③ 賃率差異：賃金・手当予定消費額－賃金・手当実際消費額
＝1,614,000円－1,642,000円（＊）
＝(−) 28,000円〔借方〕

(＊) 賃金・手当実際消費額：当月支給－前月未払＋当月未払
＝1,600,000円－540,000円＋582,000円
＝1,642,000円

〈間接工分〉

④ 当月要支払額：当月支給－前月未払＋当月未払
＝450,000円－120,000円＋128,000円
＝458,000円

(注) 間接工の賃金消費額は要支払額で計算されるため，賃率差異は生じない。

〔問２〕定時間外作業手当を消費賃率に含めず，別途間接労務費として処理する方法

1．予定消費賃率の算定

$$\frac{19,440,000円}{32,400時間}=@600円$$

2．定時間外作業手当の計算

@600円×40％×100時間＝24,000円（間接労務費として製造間接費勘定へ）

割増賃金@240円

3．消費賃金の計算

直接工と間接工は賃金消費額の計算方法が異なるので別々に計算しておき，勘定記入のときに金額を合計する。

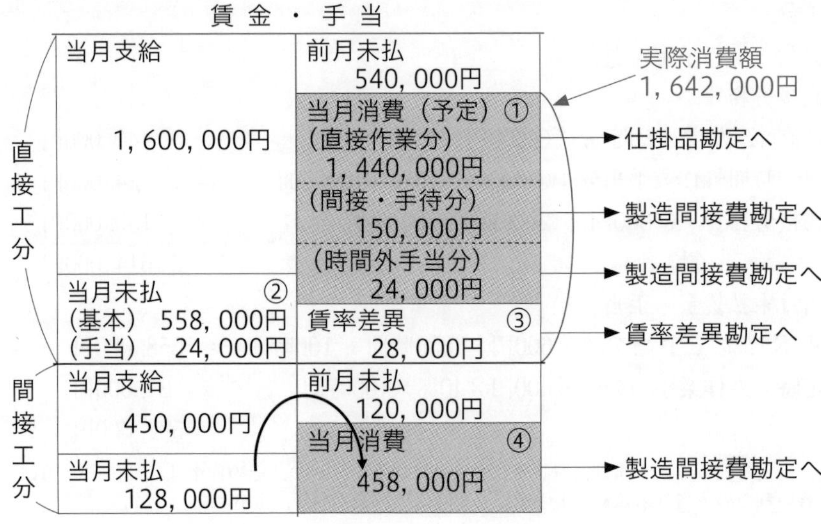

〈直接工分〉

① 賃金・手当予定消費額

直接労務費：@600円×2,400時間	＝	1,440,000円
間接労務費：		
間接作業・手待分；@600円×（200時間＋50時間）	＝	150,000円
定時間外作業手当分；@600円×40％×100時間	＝	24,000円
計		1,614,000円

② 当月未払賃金・手当

基本賃金・手当分：@600円×（830時間＋100時間）	＝	558,000円
定時間外作業手当分：@600円×40％×100時間	＝	24,000円
計		582,000円

（注）定時間外作業手当は消費賃率に含まれておらず，かつ，その作業は10/29，10/30に行われているため，当月未払賃金・手当にも定時間外作業手当が計上される。

③　賃率差異：賃金・手当予定消費額－賃金・手当実際消費額

＝1,614,000円－1,642,000円（＊）

＝(－)28,000円〔借方〕

（＊）賃金・手当実際消費額：当月支給－前月未払＋当月未払

＝1,600,000円－540,000円＋582,000円

＝1,642,000円

〈間接工分〉

④　当月要支払額：当月支給－前月未払＋当月未払

＝450,000円－120,000円＋128,000円

＝458,000円

(注) 間接工の賃金消費額は要支払額で計算されるため，賃率差異は生じない。

06 経費会計
Theme

Check ここでは，原価の費目別計算のうち経費の計算について学習する。

1 経費会計総論

1. 経費の意義

経費とは，材料費，労務費以外の原価要素を消費することにより発生する原価をいう。

参考　原価計算基準８（一部）：製造原価要素の分類基準

経費とは，材料費，労務費以外の原価要素をいい，減価償却費，たな卸減耗費および福利施設負担額，賃借料，修繕料，電力料，旅費交通費等の諸支払経費に細分する。

2. 経費の分類

経費は，それ自体が積極的に定義されるのではなく，材料費，労務費以外の原価はすべて経費とされる。原価の費目別計算において，経費はたとえば次のように分類する。

直接経費 …… 特定の製品製造のために，その消費額が直接に計算できる経費の消費額をいう。

間接経費 …… 特定の製品製造のために，その消費額が直接に計算できない経費の消費額をいう。

製品との関連における分類	具体例	内容
直接経費	外注加工賃	材料などの加工を外部の業者に委託したときの対価
間接経費	福利施設負担額	社宅，託児所など福利厚生施設に対して会社が負担する補助金
	厚生費	健康診断，運動会，慰安旅行などに要する費用
	減価償却費	工場の建物や機械・設備などの減価償却費
	賃借料	材料倉庫や機械・設備などの賃借料
	保険料	工場建物・倉庫や機械・設備などの損害保険料
	修繕料	製造関係の建物，機械・設備などの修繕料
	電力料・ガス代・水道	工場の水道光熱費
	租税公課	固定資産税，自動車税，印紙税，証紙代など
	旅費交通費	出張時の交通費，宿泊費など
	通信費	電話料金，郵便料金など
	保管料	材料，製品などの保管を委託している場合の保管費用
	材料棚卸減耗費	材料の保管または運搬中に生じる破損，蒸発などの減耗費
	雑費	他の適当な費目にあてはまらないもの

補足 その他の経費の例示

経費の費目は非常に多いため，なかには判断のしにくい費目もある。

(1) 直接経費

特許権使用料……製品の出来高に比例して支払う場合の特許権使用料

試作費……特定製品の試作に要する製造原価

特殊機械の賃借料……特定製品の製造にのみ必要な機械の賃借料

(2) 間接経費

事務用消耗品費……工場で使用する伝票，帳簿類などの事務用消耗品
(注) 購入額＝消費額とする。

従業員募集費……工場の従業員の募集に要する費用

工員訓練費……工員の技能などの訓練費用

原価計算基準10（一部）：費目別計算における原価要素の分類

費目別計算においては，原価要素を，原則として，形態別分類を基礎とし，これを直接費と間接費とに大別し，さらに必要に応じ機能別分類を加味して，たとえば次のように分類する。

直接経費　外注加工賃

間接経費　福利施設負担額，厚生費，減価償却費，賃借料，保険料，修繕料，電力料，ガス代，水道料，租税公課，旅費交通費，通信費，保管料，たな卸減耗費，雑費

間接経費は，原則として形態別に分類するが，必要に応じ修繕費，運搬費等の複合費を設定することができる。

2 間接経費の計算と処理

間接経費はその把握方法によって，次のように分類される。

支払経費……実際の支払額，または請求書の支払請求額をその原価計算期間における消費額とする経費をいう。
〈例〉旅費交通費，通信費，事務用消耗品費，保管料，雑費など

なお，経費の前払額や未払額がある場合には，次のように差額で当月消費額を計算すればよい。

〈未払額のケース〉

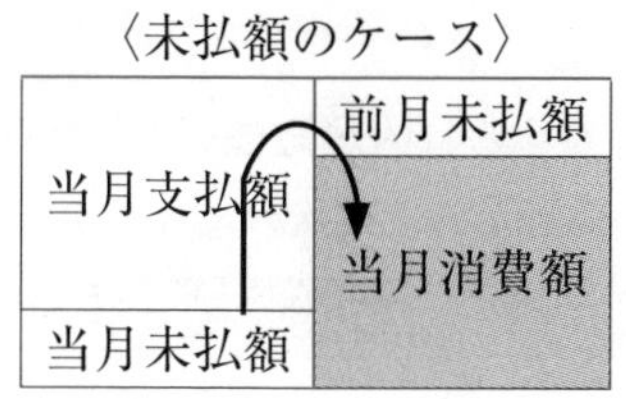

〈前払額のケース〉

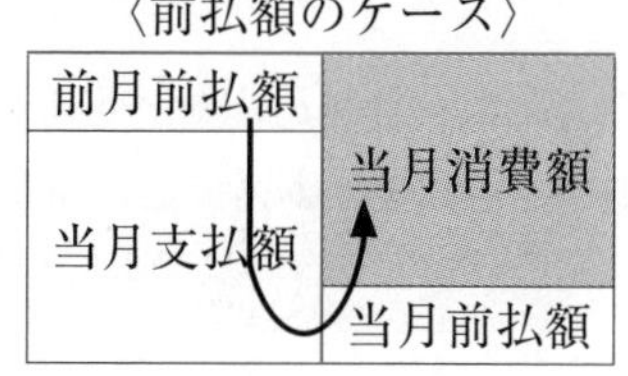

月割経費 …… 一定期間の費用発生額を月割りして，月割額をその原価計算期間の消費額とする経費をいう。
〈例〉減価償却費，賃借料，保険料，修繕引当金など

測定経費 …… その原価計算期間における消費量を工場内のメーターで内部的に測定し，その消費量にもとづいて，原価計算期間の消費額を計算することができる経費をいう。
〈例〉電力料，ガス代，水道料など

発生経費 …… 実際発生額をもって，その原価計算期間における消費額とする経費をいう。
〈例〉材料棚卸減耗費，仕損費など

（注）発生経費は実際発生額を経費とするよりも，事前に年間発生額を見積り，これを月割計算することによって各月の費用発生額とするほうが望ましい。この場合には，発生経費ではなく月割経費となる。

補足　棚卸減耗引当金について

材料から生ずる正常な棚卸減耗費については，間接経費として製造原価に算入するが，その計上にあたっては，材料を実地棚卸しなければならず，毎月これを実施するとなると大変な手数を要する。

そこで，期首において棚卸減耗費の発生額を見積もり，これを月割りした額を月々の原価計算にて製造原価に算入することができる。

この場合，月々の棚卸減耗費の予定発生額を棚卸減耗引当金に計上し，期末において実地棚卸により把握された棚卸減耗費の実際発生額との差は，原価差異として処理する。

〈例〉棚卸減耗費の月次見積額… 2千円，実地棚卸により把握された棚卸減耗の実際発生額… 30千円

	借方		貸方	
月々の見積時　：	（製造間接費）	2	（棚卸減耗引当金）	2
決算時(実地棚卸)：	（棚卸減耗引当金）(＊1)	24	（材　　料）(＊2)	30
	（原価差異）(＊3)	6		

（＊1）棚卸減耗費の年間見積額：2千円×12か月＝24千円
（＊2）棚卸減耗費の実際発生額
（＊3）棚卸減耗費の年間見積額24千円－実際発生額30千円＝(－)6千円（不利差異）

研究　複合経費

形態別分類では異なる原価要素の消費であっても，その消費する目的が同じであるため，それらをまとめて1つの費目とすることがある。これを複合経費といい，たとえば次のような例がある。

目　的	消費する原価	使用する費目
工場の修繕	修繕のために消費した材料（材料費）	修　繕　費
	修繕工の賃金（労務費）	
	外部業者への支払修繕料（経費）	

設例 6-1

次の資料にもとづいて，各経費の当月消費額を計算しなさい。

（資　料）

⑴ 修　　繕　　費：当月支払額 180,000円（うち前月未払額 40,000円）
当月未払額　20,000円

⑵ 旅 費 交 通 費：前月前払額　50,000円
当月支払額 300,000円（うち当月前払額 60,000円）

⑶ 機械減価償却費：年間見積額 1,800,000円

⑷ 保　　険　　料：年額 144,000円

⑸ 電　　力　　料：当月支払額 100,000円　　当月測定額 95,000円

⑹ 水　　道　　料：基本料金 40,000円　　当月使用量 3,000m^3　　単価 15円 /m^3

⑺ 材料棚卸減耗費：帳簿残高 180,000円　　実際残高 175,000円

【解答・解説】

⑴ 修　　繕　　費：160,000円（支払経費：180,000円－40,000円＋20,000円）
当月支払額　前月未払額　当月未払額

⑵ 旅 費 交 通 費：290,000円（支払経費：50,000円＋300,000円－60,000円）
前月前払額　当月支払額　当月前払額

⑶ 機械減価償却費：150,000円（月割経費：1,800,000円÷12か月）

⑷ 保　　険　　料：　12,000円（月割経費：144,000円÷12か月）

⑸ 電　　力　　料：　95,000円（測定経費：当月測定額95,000円）

⑹ 水　　道　　料：　85,000円（測定経費：15円/㎥×3,000㎥＋40,000円）

⑺ 材料棚卸減耗費：　5,000円（発生経費：180,000円－175,000円）

参考　原価計算基準13：経費計算

⑴ 経費は，原則として当該原価計算期間の実際の発生額をもって計算する。ただし，必要ある場合には，予定価格又は予定額をもって計算することができる。

⑵ 減価償却費，不動産賃借料等であって，数カ月分を一時に総括的に計算し又は支払う経費については，これを月割り計算する。

⑶ 電力料，ガス代，水道料等であって，消費量を計量できる経費については，その実際消費量に基づいて計算する。

3 外注加工賃の計算と処理

1. 外注加工賃とは

生産の一部分の作業（材料または部品の加工や中間製品の組立てなど）を外部の業者に委託し，その対価として支払う金額を外注加工賃という。

2. 外注加工賃の処理

外注加工の形態には，材料を無償支給する場合と有償支給する場合とがある。また，外注加工賃は，直接経費として処理される場合と部品原価となる場合がある。

これらの関係を示せば次のようになる。

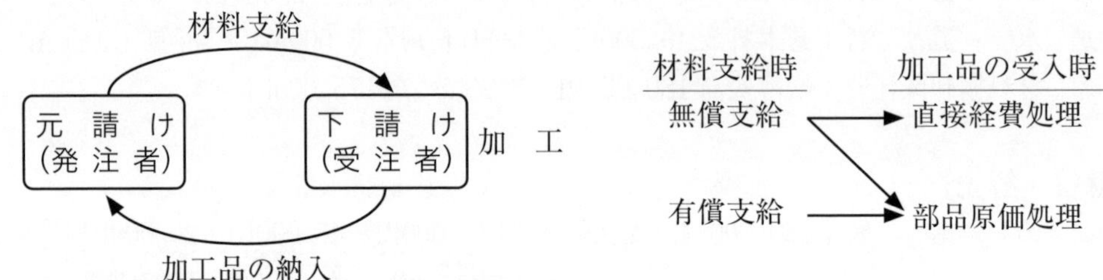

ここでは，材料を無償支給する場合のみ確認する。

材料を無償支給する場合とは，メッキ加工のように下請業者に材料を無償で支給し，その加工を委託する場合である。このときの外注加工賃の処理は次のようになる。

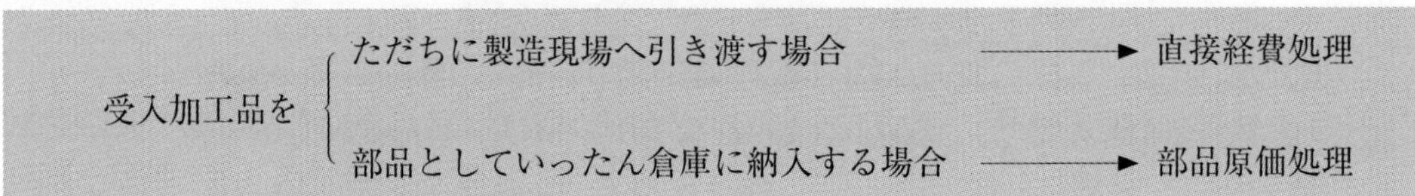

(1) 直接経費として処理する場合

下請けより受け入れた加工品を，ただちに製造現場に引き渡す場合には，外注加工賃は直接経費として処理する。

設例 6-2

次の各取引につき仕訳を示しなさい。

① 主材料100個（単価1,000円/個）を下請業者に無償で支給し，そのメッキ加工を依頼した。

② 下請業者から100個の加工品が納入され，受入検査後，ただちに工場現場に引き渡した。なお，メッキ加工賃は1個あたり500円である（未払い）。

【解　答】(単位：円)

	借方	金額	貸方	金額
①	(仕　掛　品)	100,000	(材　　料)	100,000
②	(外注加工賃)	50,000	(買　掛　金)	50,000
	(仕　掛　品)	50,000	(外注加工賃)	50,000

【解　説】

1．材料を外注加工のため無償支給した場合には，通常の出庫票で材料を出庫させておき，その出庫額を原価計算表の直接材料費欄に記入しておく。したがって，材料支給時に材料消費の仕訳を行う。

2．外注加工賃の未払額を計上する勘定科目は買掛金（注）とする。

（注）「財務諸表等規則ガイドライン47－2」参照。

3．勘定連絡

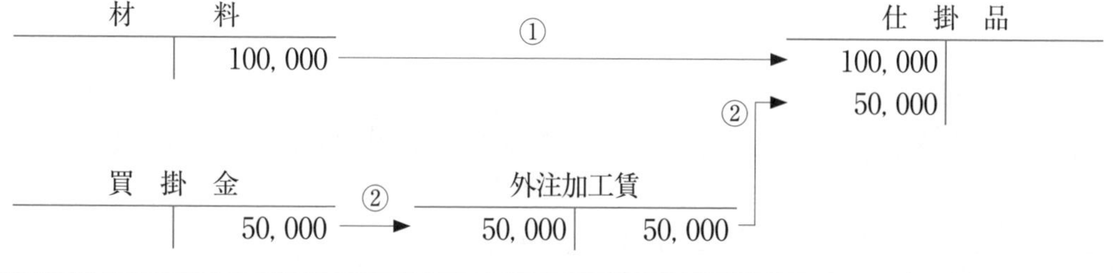

(2) 部品原価に計上される場合

下請けより受け入れた加工品を，ただちに製造現場に引き渡さず，いったん部品として倉庫に納入する場合には，外注加工賃は直接経費とはせず部品原価として処理する。

設例 6-3

次の各取引につき仕訳を示しなさい。

① 主材料100個（単価1,000円/個）を下請業者に無償で支給し，そのメッキ加工を依頼した。

② 下請業者から100個の加工品が納入され，受入検査後，部品として倉庫に搬入した。なお，メッキ加工賃は1個あたり500円である（未払い）。

③ 上記部品を，すべて出庫した。

【解　答】(単位：円)

①	仕訳なし			
②	(外注加工賃)	50,000	(買　掛　金)	50,000
	(部　　品)	150,000	(材　　料)	100,000
			(外注加工賃)	50,000
③	(仕　掛　品)	150,000	(部　　品)	150,000

【解　説】

1．加工品を受け入れるときに，いったん部品として倉庫に納める場合には，通常の材料出庫票ではなく，外注出庫票を用いて材料を出庫しておく。外注出庫票は，一種の備忘記録のようなものであるため，材料出庫時は仕訳を行わず，加工品の受入時に外注加工賃とともに材料原価を部品勘定に振り替える。

2．勘定連絡

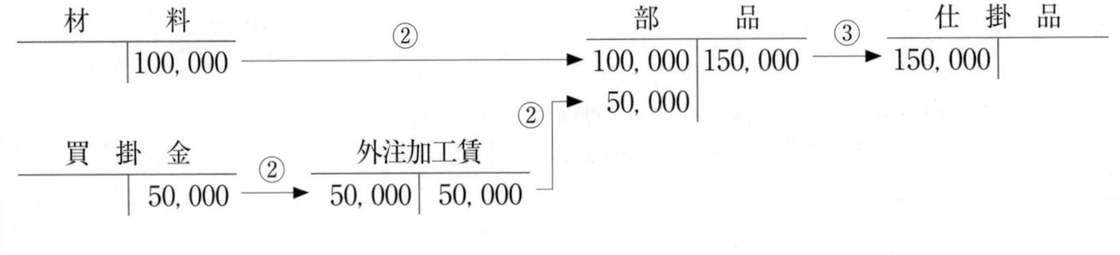

MEMO

07 製造間接費会計
Theme

Check ここでは，単純個別原価計算を前提にした場合の製造間接費の計算について学習する。特に，予定配賦の手続きと公式法変動予算による差異分析が重要である。

1 製造間接費会計総論

1. 製造間接費の意義

製造間接費とは，特定の製品製造に関して発生額が直接的に認識されない原価をいい，間接材料費，間接労務費，間接経費からなる。

2. 配賦計算の必要性

製造間接費とは，特定の製品製造に関して発生額が直接的に認識されない原価であり，言い換えれば，各製造指図書の製品に対して共通して発生する原価といえる。

しかし，製造間接費も製造直接費と同じく製品の製造原価を構成するため，何らかの方法で各製造指図書の製品に対して集計しなければならない。このための計算手続が製造間接費の配賦である。

3. 製造間接費の配賦基準

製造間接費を製品に配賦する場合には，工場の実情と照らし合わせ，製造間接費の発生と最も関連があると思われる配賦基準を選択する。配賦基準とは，製造間接費を各製造指図書の製品へ関連づけるための変数をいい，次のようなものがある。

(1) 価値的基準
- ① 直接材料費基準
- ② 直接労務費基準
- ③ 素価（注）基準

(2) 物量基準
- ① 生産量基準
- ② 重量基準
- ③ 直接作業時間基準
- ④ 機械運転時間基準

（注）素価とは，直接材料費と直接労務費の合計をいう。

2 製造間接費の実際配賦

製造間接費を製造指図書の各製品に配賦する方法には，実際配賦と予定配賦があり，原則として予定配賦が行われる。

(注) 予定配賦を正常配賦という場合もある。

製造間接費を実際配賦する場合の算式は次のようになる。

$$実際配賦率 = \frac{製造間接費実際発生額}{実際配賦基準数値合計}$$

実際配賦額 = 実際配賦率 × その製品の製造に要した実際配賦基準数値

しかし，実際配賦には次のような欠点がある。

① 実際発生額をすべて把握するまで配賦できないため，計算が遅延する。
② 操業度 (注) の変化によって製品の実際製造原価が著しく変動する。

(注) 操業度とは，企業の経営活動の量（すなわち営業量，または業務量）を表す用語をいう。操業度を表す単位としては，製品生産量や直接作業時間などがある。

設例 7-1

次の資料にもとづいて，製造間接費の実際配賦率を計算し，製造指図書別原価計算表を完成させなさい。なお，製造間接費は機械運転時間を基準に実際配賦している。

（資　料）

直接材料費：1, 200, 000円（#101：450, 000円，#102：400, 000円，#103：350, 000円）
直接労務費：1, 000, 000円（#101：350, 000円，#102：400, 000円，#103：250, 000円）
製造間接費：1, 039, 500円
機械運転時間：　4, 950時間（#101：1, 680時間，#102：1, 928時間，#103：1, 342時間）

【解　答】

実際配賦率　210　円/時間

製造指図書別原価計算表　　　　(単位：円)

	#101	#102	#103	合　計
直接材料費	450, 000	400, 000	350, 000	1, 200, 000
直接労務費	350, 000	400, 000	250, 000	1, 000, 000
製造間接費	352, 800	404, 880	281, 820	1, 039, 500
合　計	1, 152, 800	1, 204, 880	881, 820	3, 239, 500

【解　説】

実際配賦率：$\frac{\text{製造間接費実際発生額}}{\text{実際配賦基準数値合計}} = \frac{1,039,500\text{円}}{4,950\text{時間}} = 210\text{円/時間}$

実際配賦額：実際配賦率×製造指図書別の実際配賦基準数値

#101への配賦額：210円/時間 × 1,680時間 = 352,800円
#102への配賦額：210円/時間 × 1,928時間 = 404,880円
#103への配賦額：210円/時間 × 1,342時間 = 281,820円
合 計 1,039,500円

製造間接費

借方		貸方	
諸　口	1,039,500	仕掛品	1,039,500

仕　掛　品

借方		貸方	
材　料	1,200,000		
賃　金	1,000,000		
製造間接費	1,039,500		

補足　実際配賦の欠点（操業度の変化による実際原価の変動）

前述の［設例7－1］では，製造間接費を実際配賦率（210円/時間）にもとづいて配賦しているが，実際配賦率によると，季節的な理由などで操業度が変化すると実際配賦率が変動し，同じ製品であっても異なる製造間接費が配賦されてしまう。その理由は製造間接費のなかの固定費にある。

これを次の［設例］で確認してみよう。

■設　例

［設例7－1］で製造間接費1,039,500円（機械運転時間4,950時間）の内訳は次のとおりであった。

変動費　633,600円，固定費　405,900円

〔問〕当月は#101（1,680時間）と#102（1,928時間）の生産だけを行ったものとして製造指図書別原価計算表を作成しなさい。

【解　答】

製造指図書別原価計算表　　（単位：円）

	#101	#102	合　計
直接材料費	450,000	400,000	850,000
直接労務費	350,000	400,000	750,000
製造間接費	404,040	463,684	867,724
合　　計	1,204,040	1,263,684	2,467,724

【解　説】

前述の［設例7－1］において，実際配賦率を変動費〈変動費率〉と固定費〈固定費率〉に分けて算定してみると次のようになる。

変動費率：$\frac{633,600円}{4,950時間}$＝128円/時間　　　固定費率：$\frac{405,900円}{4,950時間}$＝82円/時間

このうち，変動費は操業度に比例して増減するため，当月の操業度が3,608時間（#101と#102の合計）であれば，発生額もそれに応じて461,824円（＝128円/時間×3,608時間）に減少するが，変動費率（128円/時間）自体は変わらない。

これに対して，固定費は操業度が増減しても発生額（405,900円）は変化しないため，固定費率は112.5円/時間（＝405,900円÷3,608時間）に上昇し，実際配賦率は変動費率と固定費率を合計した240.5円/時間となる。この場合の各製造指図書への実際配賦額は次のようになる。

#101への配賦額：240.5円/時間×1,680時間＝404,040円

#102への配賦額：240.5円/時間×1,928時間＝463,684円

このように，実際配賦によると，同じ製品を製造しても操業度の増減によって固定費の配賦率が変化してしまい，異なる製造原価が計算されてしまうのである。

3 製造間接費の予定配賦

前述の実際配賦の欠点を克服するには，製造間接費を予定配賦すればよい。

製造間接費を予定配賦する場合の一連の手続きは次のようになる。

〈期首における手続き〉

基準操業度の決定 ⇒ 製造間接費予算の設定 ⇒ 予定配賦率の算定

〈毎月行われる手続き〉

予定配賦額の計算 ⇒ 実際発生額の集計 ⇒ 製造間接費配賦差異の把握 ⇒ 差異分析 ⇒ 原価報告

1. 期首における手続き（予定配賦率の算定）

製造間接費を予定配賦する場合には，その会計期間の期首において，あらかじめ下記の算式により予定配賦率を算定しておかなければならない。

$$\text{予定配賦率} = \frac{\text{基準操業度における製造間接費予算額}}{\text{基準操業度(一定期間の予定配賦基準数値)}}$$

したがって，予定配賦率算定のためには，基準操業度と（その基準操業度のときに発生する）製造間接費予算額を決定しておく必要がある。

⑴ 基準操業度の決定

基準操業度（一定期間の予定配賦基準数値）とは，一定期間（通常は1年間）における工場の利用程度を配賦基準数値（直接作業時間や機械運転時間など）で表したものをいい，同期間の正常生産量にもとづいて決定される。ここにいう，正常生産量とは，通常ならどれだけの生産を行うのかということであり，その“通常”の程度（これを操業水準という）は，工場のもつ生産能力自体や，あるいは，需要を考慮した生産能力の利用度という観点にもとづいて選択される。操業水準には次のような種類がある。

理論的生産能力 …… 最高の能率でまったく作業が中断されることのない理想的な状態においてのみ達成される，理論上の最大限の操業水準をいう。実際には達成不可能であり，基準操業度として選択されることはない。

実際的生産能力 …… 理論的生産能力から，機械の故障，修繕，段取り，不良材料，工員の欠勤，休暇など不可避的な作業休止時間を差し引いて得られる実現可能な最大限の操業水準をいう。

平均操業度 …… 販売上予測される，季節的および景気の変動による生産量への影響を長期的に平均した操業水準をいう。なお，平均する期間は5年が多い。

期待実際操業度 …… 次の1年間に予想される操業水準をいう。なお，予算操業度ともいわれる。

設例 7-2

当工場では，製造間接費は機械運転時間を基準に製品へ予定配賦している。次の資料にもとづき，次年度の基準操業度を決定するための操業水準について，①理論的生産能力，②実際的生産能力，③平均操業度，④期待実際操業度を計算しなさい。

（資　料）

1．当社の年間作業可能日数は250日で，12台の機械を1日3交替制により24時間稼働させている。
2．機械の修理等による不可避的な作業休止時間は年間合計3,000時間である。
3．年間の平均操業度は実際的生産能力の80%と見込まれる。
4．来年1年間に予想される製品の年間生産販売量は100,000個であり，製品1個あたりの機械稼働時間は0.6時間と見積られる。

【解　答】

① 理論的生産能力：72,000時間
② 実際的生産能力：69,000時間
③ 平均操業度：55,200時間
④ 期待実際操業度：60,000時間

【解　説】

① 理論的生産能力：24時間×250日×12台＝72,000時間
② 実際的生産能力：72,000時間－3,000時間＝69,000時間
③ 平均操業度：69,000時間×80%＝55,200時間
④ 期待実際操業度：100,000個×0.6時間/個＝60,000時間

参考　原価計算基準33（一部）：間接費の配賦

(5) 予定配賦率の計算の基礎となる予定操業度は，原則として，一年又は一会計期間において予期される操業度であり，それは，技術的に達成可能な最大操業度ではなく，この期間における生産ならびに販売事情を考慮して定めた操業度である。

操業度は，原則として直接作業時間，機械運転時間，生産数量等間接費の発生と関連ある適当な物量基準によって，これを表示する。

操業度は，原則としてこれを各部門に区分して測定表示する。

(2) 製造間接費予算の設定

予定配賦率算定のためには，基準操業度の決定に続き，その操業度において発生する製造間接費の金額を見積る。これを（基準操業度における）製造間接費予算という。

また，製造間接費の実際発生額を事後的に管理するために設定する予算には，次の種類がある。

製造間接費予算
- 固定予算
- 変動予算
  - 公式法変動予算
  - 実査法変動予算（多桁式変動予算）

① 固定予算

固定予算とは，基準操業度における製造間接費の発生額を予定したら，操業度が変化した場合もこれを固定的に予算額とするものをいう。

② 変動予算

変動予算とは，さまざまな操業度に応じて製造間接費の発生額を予定できるように工夫されたものであり，さらに公式法変動予算と実査法変動予算（多桁式変動予算（たけたしきへんどうよさん））に分かれる。

なお，ここでは，公式法変動予算を説明する。

公式法変動予算とは，製造間接費の各費目を変動費部分と固定費部分とに分解し，変動費は操業度に対する発生率（＝変動費率）を測定し，固定費は操業度が変化しても一定とすることによって，特定の操業度に応じた製造間接費の予算額（これを予算許容額という）を公式的に算出する方法をいう。

特定の操業度における予算許容額 = 変動費率×その操業度 + 固定費予算額

〈例〉

製造間接費公式法変動予算

	月間固定費	変動費率
間接材料費		
補助材料費	——	50円/時間
工場消耗品費	30,000円	40円/時間
間接労務費		
間接工賃金	75,000円	——
給　　料	45,000円	——
賞与・手当	20,000円	——
間 接 経 費		
減価償却費	90,000円	——
賃　借　料	80,000円	——
電　力　料	60,000円	30円/時間
	400,000円	120円/時間

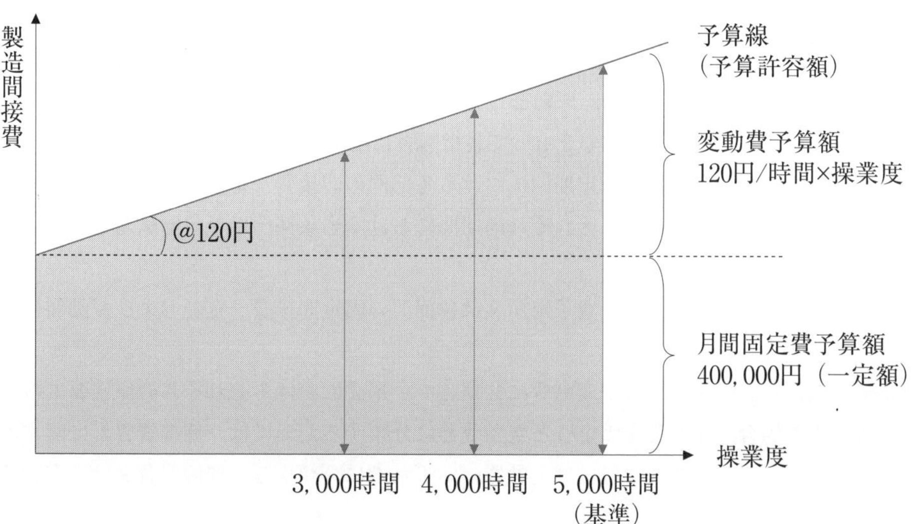

3,000時間のときの予算許容額：120円/時間×3,000時間＋400,000円＝　760,000円
4,000時間のときの予算許容額：120円/時間×4,000時間＋400,000円＝　880,000円
5,000時間のときの予算許容額：120円/時間×5,000時間＋400,000円＝1,000,000円

(3) 予定配賦率の算定

前述の手続きにより，選択した基準操業度とそのときの製造間接費予算額にもとづいて，予定配賦率を算定する。

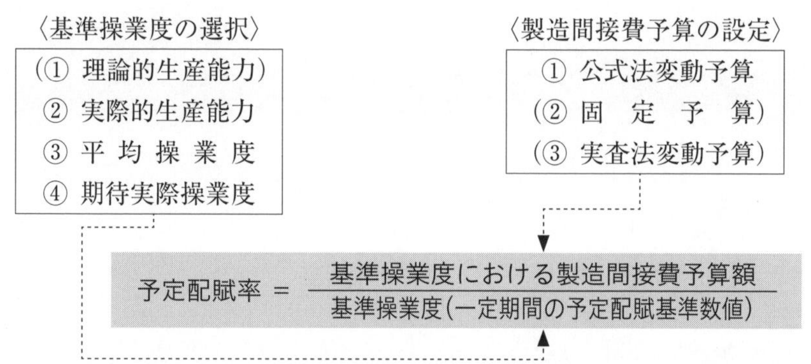

なお，公式法変動予算では，変動費率はあらかじめ問題の資料に与えられ，次のように計算することもある。

$$予定配賦率 = 変動費率 + \frac{固定製造間接費予算額}{基準操業度}$$

(固定費率：$\frac{固定製造間接費予算額}{基準操業度}$)

前述の〈例〉によって予定配賦率を計算すると次のようになる。

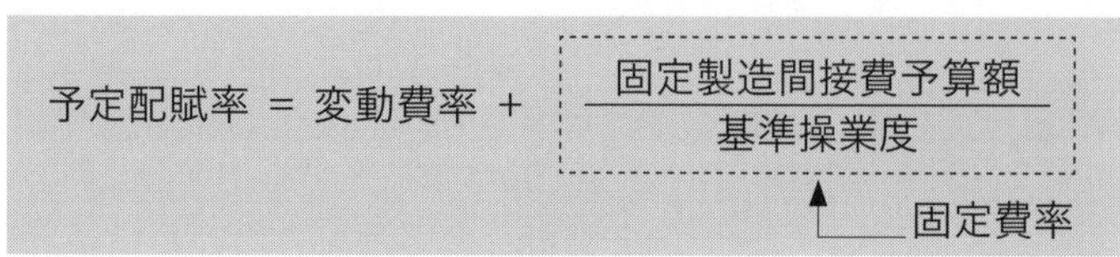

原価計算基準33（一部）：間接費の配賦

(1) 個別原価計算における間接費は，原則として部門間接費として各指図書に配賦する。

(2) 間接費は，原則として予定配賦率をもって各指図書に配賦する。

(3) 部門間接費の予定配賦率は，一定期間における各部門の間接費予定額又は各部門の固定間接費予定額および変動間接費予定額を，それぞれ同期間における当該部門の予定配賦基準をもって除して算定する。

(4) 一定期間における各部門の間接費予定額又は各部門の固定間接費予定額および変動間接費予定額は，次のように計算する。

1 まず，間接費を固定費および変動費に分類して，過去におけるそれぞれの原価要素の実績をは握する。この場合，間接費を固定費と変動費とに分類するためには，間接費要素に関する各費目を調査し，費目によって固定費又は変動費のいずれかに分類する。準固定費又は準変動費は，実際値の変化の調査に基づき，これを固定費又は変動費とみなして，そのいずれかに帰属させるか，もしくはその固定費部分および変動費率を測定し，これを固定費と変動費とに分解する。

2 次に，将来における物価の変動予想を考慮して，これに修正を加える。

3 さらに固定費は，設備計画その他固定費に影響する計画の変更等を考慮し，変動費は，製造条件の変更等変動費に影響する条件の変化を考慮して，これを修正する。

4 変動費は，予定操業度に応ずるように，これを算定する。

2. 毎月行われる手続き

(1) 予定配賦額の計算

製品の製造活動が実施されると，次の算式により予定配賦額が計算され，各製造指図書の製品に対して製造間接費が配賦される。

予定配賦額 ＝ 予定配賦率 × その製品の製造に要した実際操業度（実際配賦基準数値）

〈勘定連絡図〉

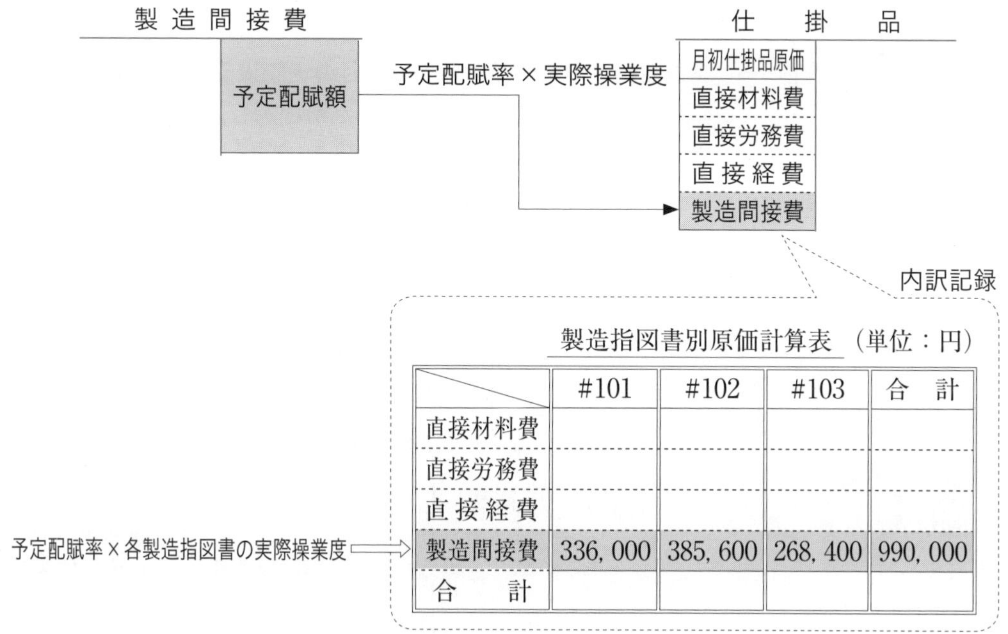

製造指図書別原価計算表 (単位：円)

	#101	#102	#103	合　計
直接材料費				
直接労務費				
直接経費				
製造間接費	336, 000	385, 600	268, 400	990, 000
合　　計				

(2) 実際発生額の集計と製造間接費配賦差異の把握

月末になると，製造間接費（間接材料費，間接労務費，間接経費）の実際発生額が製造間接費勘定の借方に集計されるとともに，製造間接費配賦差異が把握される。

製造間接費配賦差異 ＝ 予定配賦額 － 実際発生額

〈勘定連絡図〉

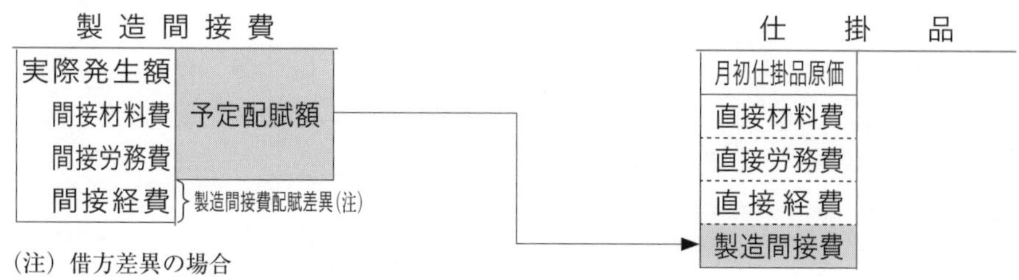

(注) 借方差異の場合

(3) 差異分析と原価報告

製造間接費配賦差異はさらに，予算差異と操業度差異に分析される。この結果は経営管理者に対して報告され，是正措置をとるなど製造間接費を管理するうえでの基礎資料となる。

① 公式法変動予算による差異分析

予算差異 = 実際操業度における予算許容額 － 実際発生額
操業度差異 = 予定配賦額 － 実際操業度における予算許容額
または
固定費率×(実際操業度－基準操業度)

予算差異 …… 製造間接費の実際発生額が，当月の実際操業度における予算許容額に比べて多かったか少なかったかを示し，その差額の原因は，原価の浪費や節約であることが多い。

操業度差異 …… 当初予定していた基準操業度どおりに操業を行わなかったために生じる，製品原価に対する固定製造間接費の配賦漏れや配賦超過を示す差異をいう。

製造間接費の差異分析は，下の図(注)を利用して行うとわかりやすい。

(注) この図のことをシュラッター図とよぶことがある。

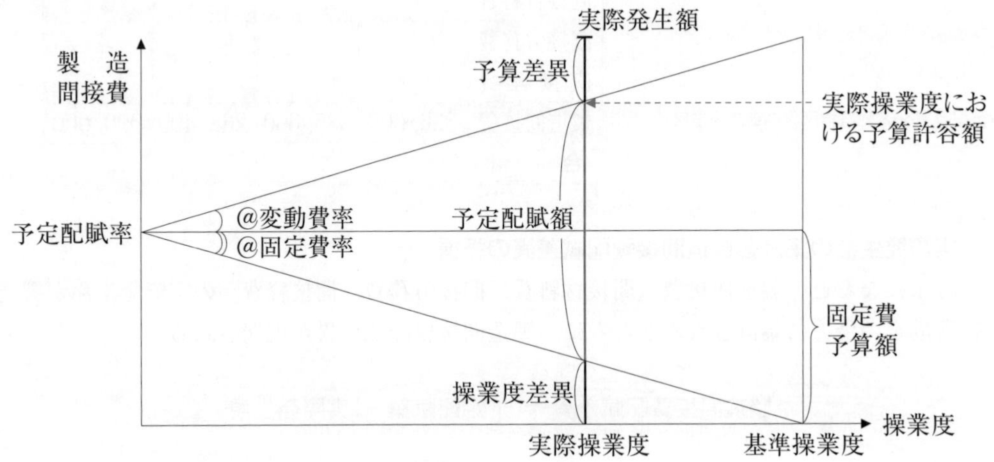

〈勘定連絡図〉

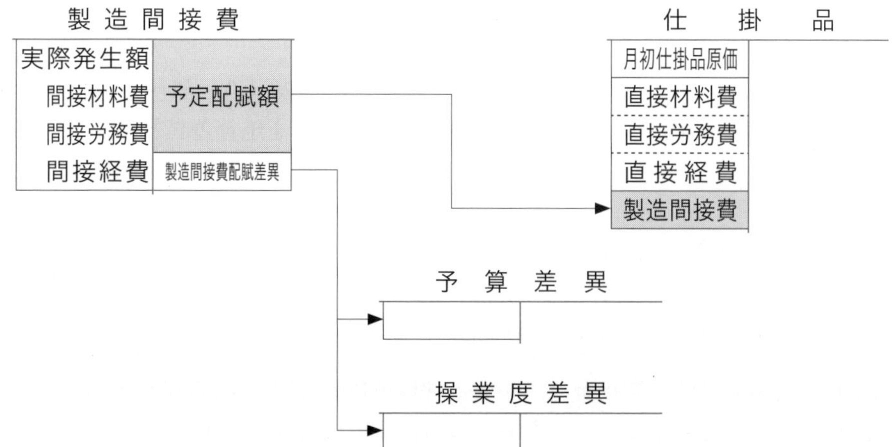

原価計算基準33（一部）：間接費の配賦

(6) 部門間接費の各指図書への配賦額は，各製造部門又はこれを細分した各小工程又は各作業単位別に，次のいずれかによって計算する。

1　間接費予定配賦率に，各指図書に関する実際の配賦基準を乗じて計算する。

2　固定間接費予定配賦率および変動間接費予定配賦率に，それぞれ各指図書に関する実際の配賦基準を乗じて計算する。

設例 7-3

〔問1〕

次の資料にもとづいて，当月の製造指図書別原価計算表（の一部）を完成させなさい。また，製造間接費勘定への記入を行うとともに総差異を予算差異と操業度差異に分析しなさい。

（資　料）

1．年間製造間接費予算（公式法変動予算）

変　動　費	7,200,000円
固　定　費	4,800,000円

（注）当工場では製造間接費は，年間正常機械運転時間（60,000時間）にもとづき製品に予定配賦している。なお，製造間接費の月間予算額および月間正常機械運転時間は，年間予算額および年間正常機械運転時間の12分の1である。

2．当月の生産実績

⑴　製造指図書別機械運転時間数

	#101	#102	#103	合　計
機械運転時間(時間)	1,680	1,928	1,342	4,950

⑵　製造間接費実際発生額

変　動　費	630,000円
固　定　費	410,000円
合　計	1,040,000円

〔問2〕

問1の予算差異を，変動費と固定費に分けて把握するとそれぞれいくらか。

【解　答】（単位：円）

〔問1〕

1．製造指図書別原価計算表（の一部）

製造指図書別原価計算表（の一部）

	#101	#102	#103	合　計
製造間接費	336,000	385,600	268,400	990,000

2．製造間接費勘定の記入と総差異の分析

製　造　間　接　費

借方		貸方	
実際発生額	1,040,000	予定配賦額	990,000
		総　差　異	50,000
	1,040,000		1,040,000

総差異の内訳

予算差異	46,000	〔借方〕
操業度差異	4,000	〔借方〕

〔問2〕

変動費予算差異	36, 000 〔借方〕
固定費予算差異	10, 000 〔借方〕
合　計	46, 000 〔借方〕

【解　説】

〔問1〕

1．予定配賦率の算定

変動費率：7, 200, 000円÷60, 000時間＝120円/時間

固定費率：4, 800, 000円÷60, 000時間＝ 80円/時間

合　計　200円/時間

2．製造指図書別の予定配賦額

#101への予定配賦額：200円/時間×1, 680時間＝336, 000円

#102　〃　：200円/時間×1, 928時間＝385, 600円

#103　〃　：200円/時間×1, 342時間＝268, 400円

合　計　4, 950時間　990, 000円（仕掛品勘定へ）

3．製造間接費配賦差異（総差異）と差異分析

差異分析図とその計算を示せば次のとおりである。

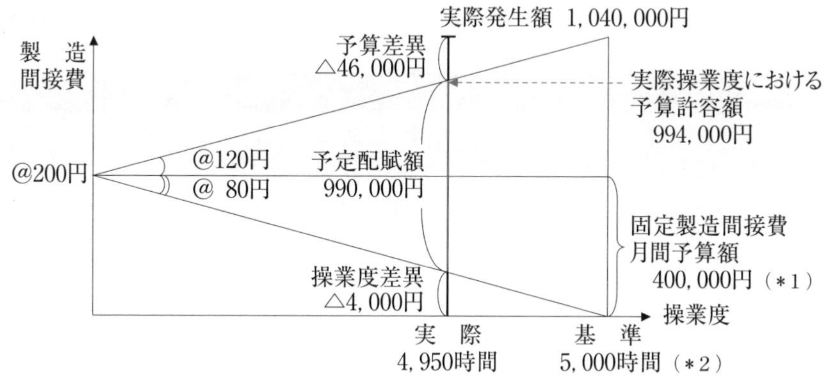

（＊1）固定製造間接費月間予算額：4, 800, 000円÷12か月＝400, 000円

（＊2）月間基準操業度：60, 000時間÷12か月＝5, 000時間

製造間接費配賦差異：990, 000円（予定配賦額）－1, 040, 000円（実際発生額）＝(－) 50, 000円〔借方〕

〈内　訳〉

予 算 差 異：120円/時間×4, 950時間＋400, 000円（実際操業度における予算許容額 994, 000円）－1, 040, 000円（実際発生額）＝(－) 46, 000円〔借方〕

操業度差異：990, 000円－(120円/時間×4, 950時間＋400, 000円)＝(－) 4, 000円〔借方〕

または

80円/時間×(4, 950時間－5, 000時間)＝(－) 4, 000円〔借方〕

〔問２〕

予算差異を変動費と固定費に分けて把握する場合がある。このときは差異分析図において，実際発生額を変動費・固定費の区分線から上下に書き分けることで，変動費予算差異と固定費予算差異を把握する。

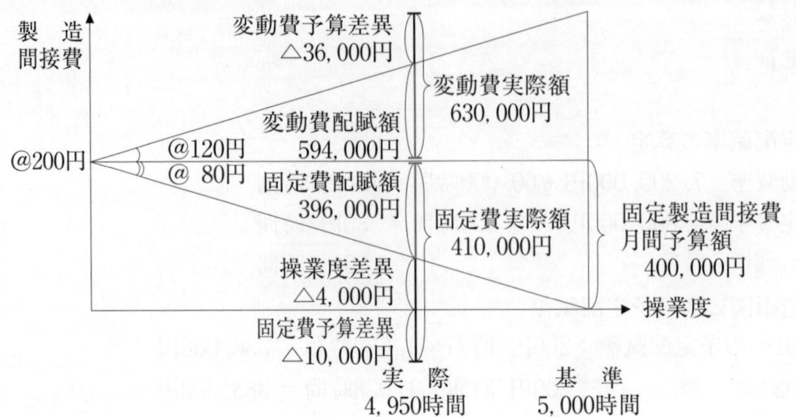

変動費予算差異：120円/時間×4,950時間－630,000円＝(－) 36,000円〔借方〕

固定費予算差異：400,000円－410,000円＝(－) 10,000円〔借方〕

合　計　(－) 46,000円〔借方〕

設例 7-4

［設例７－３］において，製造間接費の年間予算額と当月実際発生額の費目別の内訳は次に示すとおりである。そこで，当月の予算差異を費目別に計算しなさい。

（資　料）

1．年間製造間接費予算額と当月実際発生額のデータ

変　動　費	年間予算額	当 月 実 績
補助材料費	3,000,000円	276,500円
工場消耗品費	2,400,000円	198,000円
電　力　料	1,800,000円	155,500円
変動費計	7,200,000円	630,000円
固　定　費		
工場消耗品費	360,000円	32,000円
間接工賃金	900,000円	80,000円
給　　料	540,000円	45,000円
賞与・手当	240,000円	19,000円
減価償却費	1,080,000円	90,000円
賃　借　料	960,000円	84,000円
電　力　料	720,000円	60,000円
固定費計	4,800,000円	410,000円

(注) 当工場では製造間接費は，年間正常機械運転時間（60, 000時間）にもとづき製品に予定配賦している。なお，製造間接費の月間予算額および月間正常機械運転時間は，年間予算額および年間正常機械運転時間の12分の1である。

2．当月の実際機械運転時間　　4, 950時間

【解　答】

（単位：円）

変動費予算差異		固定費予算差異	
補助材料費	29, 000 〔借方〕	工場消耗品費	2, 000 〔借方〕
工場消耗品費	0 〔――〕	間接工賃金	5, 000 〔借方〕
電　力　料	7, 000 〔借方〕	給　　料	0 〔――〕
		賞与・手当	1, 000 〔貸方〕
		減価償却費	0 〔――〕
		賃　借　料	4, 000 〔借方〕
		電　力　料	0 〔――〕
合　　計	36, 000 〔借方〕	合　　計	10, 000 〔借方〕

【解　説】

予算差異は，製造間接費の浪費や節約を示すので，費目ごとに予算・実績比較を行うことで，各費目の原価管理に役立てることができる。

このとき，変動費と固定費では予算許容額の計算方法が異なるので注意すること。

予算差異：(実際操業度における)予算許容額 − 実際発生額
変動費の予算許容額 = 変動費率×当月実際操業度
固定費の予算許容額 = 年間固定費予算額÷12か月

	変動費率	予算許容額(A)	実際発生額(B)	予算差異(A)−(B)
補助材料費：	50円/時間	247, 500円	276, 500円	(−) 29, 000円
工場消耗品費：	40円/時間	198, 000円	198, 000円	0円
電　力　料：	30円/時間	148, 500円	155, 500円	(−) 7, 000円
変動費計	120円/時間	594, 000円	630, 000円	(−) 36, 000円
工場消耗品費		30, 000円	32, 000円	(−) 2, 000円
間接工賃金		75, 000円	80, 000円	(−) 5, 000円
給　　料		45, 000円	45, 000円	0円
賞与・手当		20, 000円	19, 000円	(+) 1, 000円
減価償却費		90, 000円	90, 000円	0円
賃　借　料		80, 000円	84, 000円	(−) 4, 000円
電　力　料		60, 000円	60, 000円	0円
固定費計		400, 000円	410, 000円	(−) 10, 000円

② 固定予算による差異分析

固定予算とは，基準操業度における製造間接費の予定発生額を予算額として設定したら，実際操業度が基準操業度の何％になろうとも，最初に設定した予算額をそのまま予算許容額として使用する方法をいう。固定予算を採用した場合の製造間接費配賦差異の分析は，下記の式により行う。

予 算 差 異 ＝ 基準操業度における予算額 － 実際発生額
操業度差異 ＝ 予定配賦額 － 基準操業度における予算額
　　　　または
　　　　予定配賦率×（実際操業度 － 基準操業度）

固定予算は，基準操業度と実際操業度がほぼ等しい場合や，変動費が非常に少ない場合は有効である。そこで，下記のような欠点を指摘されることがある。

(イ) 実際操業度が基準操業度と大きく異なった場合，予算差異は原価管理上の意味を持たなくなってしまう。

(ロ) 予定配賦率は変動費を含む配賦率であるため，操業度差異の中に変動費が含まれてしまうことになる。

設例 7-5

次の資料にもとづいて，製造間接費の予算差異と操業度差異を求めなさい。

（資　料）

1．年間製造間接費予算額　12,000,000円
　（注）上記製造間接費予算は，固定予算にもとづき設定されている（配賦基準は機械運転時間)。なお，月間製造間接費予算は年間予算の12分の1である。
2．年間正常機械運転時間（基準操業度）　60,000時間
3．当月の実際機械運転時間　4,950時間
4．当月の製造間接費実際発生額　1,040,000円

【解　答】（単位：円）

予算差異	40,000 〔借方〕
操業度差異	10,000 〔借方〕

【解　説】

1．予定配賦率の算定：12,000,000円÷60,000時間＝200円/時間
2．予定配賦額の算定：200円/時間×4,950時間＝990,000円
3．製造間接費配賦差異（総差異）と固定予算による差異分析図

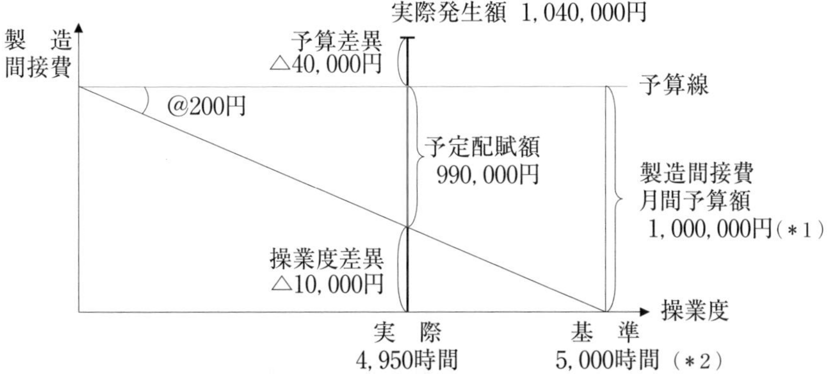

(＊1) 製造間接費月間予算額：12,000,000円÷12か月＝1,000,000円
(＊2) 月間基準操業度：60,000時間÷12か月＝5,000時間

製造間接費配賦差異：990,000円(予定配賦額)－1,040,000円(実際発生額)＝(−)50,000円〔借方〕

〈内　訳〉

予算差異：1,000,000円(実際操業度における予算許容額(＝当初予算額))－1,040,000円(実際発生額)＝(−)40,000円〔借方〕

操業度差異：200円/時間×(4,950時間－5,000時間)＝(−)10,000円〔借方〕

参考　実査法変動予算（多桁式変動予算）による差異分析

実査法変動予算（多桁式変動予算）とは，基準操業度を中心として，予期される範囲内にある種々の操業度を一定間隔に設け，各操業度ごとに製造間接費の予算額をあらかじめ算定しておく方法をいう。この方法は，製造間接費予算総額が直線的に推移しないような場合には，公式法変動予算よりも優れている。

〈具体例〉

1．年間製造間接費予算

操業度	80%	90%	100%
製造間接費予算額	9, 690, 000円	10, 950, 000円	12, 000, 000円

（注）上記製造間接費予算は，実査法変動予算にもとづき設定されている（配賦基準は機械運転時間）。なお，月間製造間接費予算は年間予算の12分の1である。

2．年間正常機械運転時間（基準操業度）　60, 000時間（100%）

3．当月の実際機械運転時間　4, 950時間

4．当月の製造間接費実際発生額　1, 040, 000円

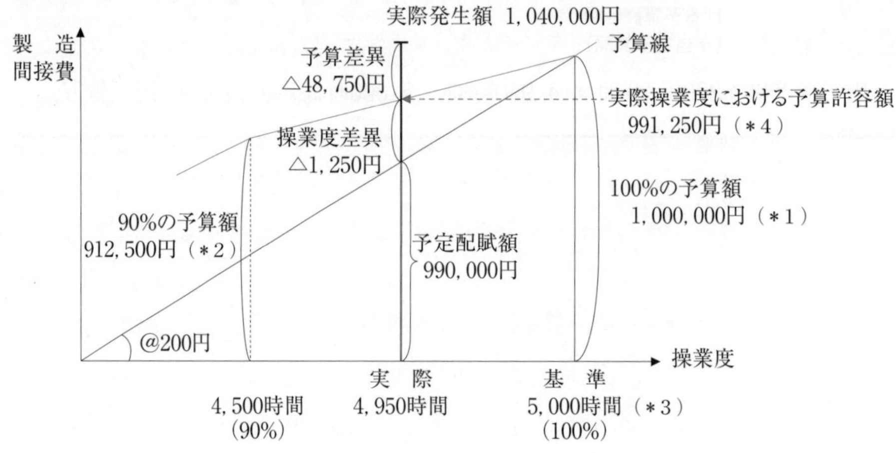

（＊1）製造間接費月間予算額：12, 000, 000円÷12か月＝1, 000, 000円

（＊2）操業度90%における製造間接費月間予算額：10, 950, 000円÷12か月＝912, 500円

（＊3）月間基準操業度：60, 000時間÷12か月＝5, 000時間

（＊4）実際操業度における予算許容額：

$$912,500円+\frac{1,000,000円-912,500円}{5,000時間-4,500時間}\times(4,950時間-4,500時間)=991,250円$$

上記の〈例〉では，実際操業度が4, 950時間（99%）であるため，実査法変動予算では，操業度4, 500時間（90%）と操業度5, 000時間（100%）との間での増加率を求める必要がある。

予定配賦率：12, 000, 000円÷60, 000時間＝200円/時間

予定配賦額：200円/時間×4, 950時間＝990, 000円

製造間接費配賦差異：990, 000円－1, 040, 000円＝(－)50, 000円〔借方〕

予算差異：991, 250円－1, 040, 000円＝(－)48, 750円〔借方〕
（991, 250円：実際操業度における予算許容額，1, 040, 000円：実際発生額）

操業度差異：990, 000円－991, 250円＝(－)1, 250円〔借方〕

研究　活動基準原価計算（ABC）

製造間接費の配賦を，活動基準原価計算にしたがって行うことがある。ここで簡単に紹介しておく（詳細はテキストⅢにて学習する）。

活動基準原価計算（activity-based costing；ABC）とは，原価をその経済的資源を消費する活動ごとに分類・集計し，その活動の利用度合に応じて原価計算対象（製品など）に対して割り当てる原価計算の方法をいう。

〈活動基準原価計算の基本思考〉

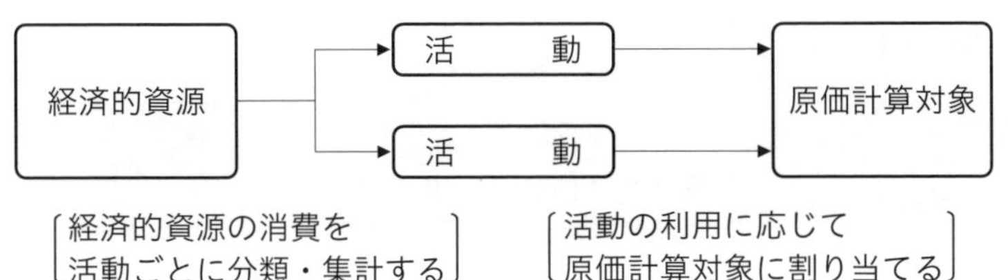

〔経済的資源の消費を活動ごとに分類・集計する〕　〔活動の利用に応じて原価計算対象に割り当てる〕

近年，工場の自動化が進むにつれ，製造原価中に占める直接労務費の割合が減少し，製造間接費が増大した。

また，消費者の価値観や嗜好の多様化にともない，企業の生産形態が少品種大量生産から多品種少量生産へと移行したため，製品は多様化し製造工程は複雑化した。これにより，伝統的な操業度関連の配賦基準では，製造間接費を適切に製品に配賦できず，製品原価情報が不正確になり，生産販売計画の策定に役立たない。

そこで，活動基準原価計算では，製造間接費をさまざまな「活動」に集計し，それぞれの活動ごとに配賦基準（コスト・ドライバー）を設定して，各活動の原価を製品に集計する。これにより，製品の生産活動の実態に即した製造間接費の配賦が行える。

■設　例

当社では製品Xと製品Yを製造販売している。次の製造間接費関連の資料にもとづいて，活動基準原価計算により製造間接費の配賦を行い，各製品への配賦額を解答しなさい。

コスト・プール	製造間接費
機械作業活動	200,000円
部品発注活動	90,000円
包装・物流活動	110,000円
検査活動	70,000円
補修活動	30,000円
合　計	500,000円

コスト・ドライバー	製品X	製品Y
機械運転時間	2,500時間	1,500時間
部品発注回数	50回	150回
出荷回数	20回	80回
検査時間	15時間	85時間
仕損品数	100個	50個

【解　答】

製品X　200,000　円　　　製品Y　300,000　円

【解　説】

1．機械作業活動費の配賦

$$\frac{200,000円}{2,500時間+1,500時間}(=50円/時間)\times\begin{cases}製品X：2,500時間=125,000円\\製品Y：1,500時間=\ 75,000円\end{cases}$$

2．部品発注活動費の配賦

$$\frac{90,000円}{50回+150回}(=450円/回)\times\begin{cases}製品X：\ 50回=22,500円\\製品Y：150回=67,500円\end{cases}$$

3．包装・物流活動費の配賦

$$\frac{110,000円}{20回+80回}(=1,100円/回)\times\begin{cases}製品X：20回=22,000円\\製品Y：80回=88,000円\end{cases}$$

4．検査活動費の配賦

$$\frac{70,000円}{15時間+85時間}(=700円/時間)\times\begin{cases}製品X：15時間=10,500円\\製品Y：85時間=59,500円\end{cases}$$

5．補修活動費の配賦

$$\frac{30,000円}{100個+50個}(=200円/個)\times\begin{cases}製品X：100個=20,000円\\製品Y：\ 50個=10,000円\end{cases}$$

6．各製品への製造間接費配賦額

製品X：125,000円＋22,500円＋22,000円＋10,500円＋20,000円＝200,000円

製品Y：75,000円＋67,500円＋88,000円＋59,500円＋10,000円＝300,000円

MEMO

Theme

08 原価の部門別計算(Ⅰ)

Check ここでは，部門別計算の基礎と，一連の手続きのうち第１次集計および第２次集計の一部について学習する。特に第２次集計が重要である。

1 部門別計算総論

1. 部門別計算とは

部門別計算とは，費目別計算において把握された原価要素の消費額を原価発生の場所別に分類・集計する手続きをいい，費目別計算に続く原価計算における第２次の計算段階である。

部門別計算は個別原価計算だけで行われるものではなく，総合原価計算においても行われる（＝工程別総合原価計算）が，ここでは，個別原価計算において部門別計算を行う場合，すなわち，部門別個別原価計算の手続きについて学習する。

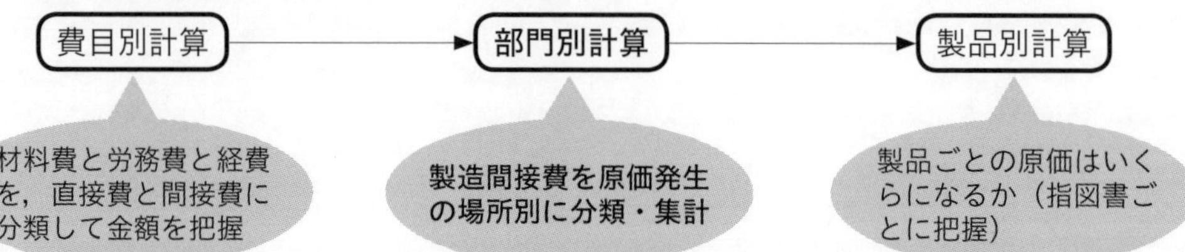

参考 部門別に集計される原価要素の範囲

部門別に集計される原価要素の範囲は，個別原価計算の場合には通常，製造間接費が部門別に集計される。また，総合原価計算の場合には通常，全原価要素が部門別に集計される。

2. 部門別計算の目的

部門別計算の目的は，次の２つである。

① 正確な製品原価を計算すること。
② 原価管理を有効に行うこと。

原価を部門別（＝原価発生の場所別）に集計することによって，その場所に応じた製造間接費の製品別配賦が行える。また，原価の発生場所が明らかになることから責任の所在が明確になり，原価管理に有効な資料となる。

3. 原価部門の分類

原価部門とは，原価要素を分類・集計するための計算組織上の区分をいう。原価部門を設けることによって，製品原価の計算を正確に行うとともに，原価の発生を機能別，責任区分別に管理するのに役立つ。

原価部門は以下のように分類される。

(1) **製造部門**

製造部門とは，製品の加工に直接に従事する部門をいう。

〈例〉切削部門，機械加工部門，組立部門など

⑵ **補助部門**

補助部門とは，製造部門あるいは他の補助部門の活動を補助するために，自己の部門で作り出した用役（＝サービス）を他部門に提供する部門をいう。補助部門はさらに，補助経営部門と工場管理部門とに分けられる。

① **補助経営部門**

補助経営部門とは，製造作業を直接的に補助する部門をいう。

〈例〉動力部門，修繕部門，運搬部門など

② **工場管理部門**

工場管理部門とは，工場全体の管理事務を担当する部門をいう。

〈例〉労務部門，企画部門，工場事務部門など

4. 部門別計算の勘定連絡図

個別原価計算における部門別計算の勘定連絡図は次のようになる。

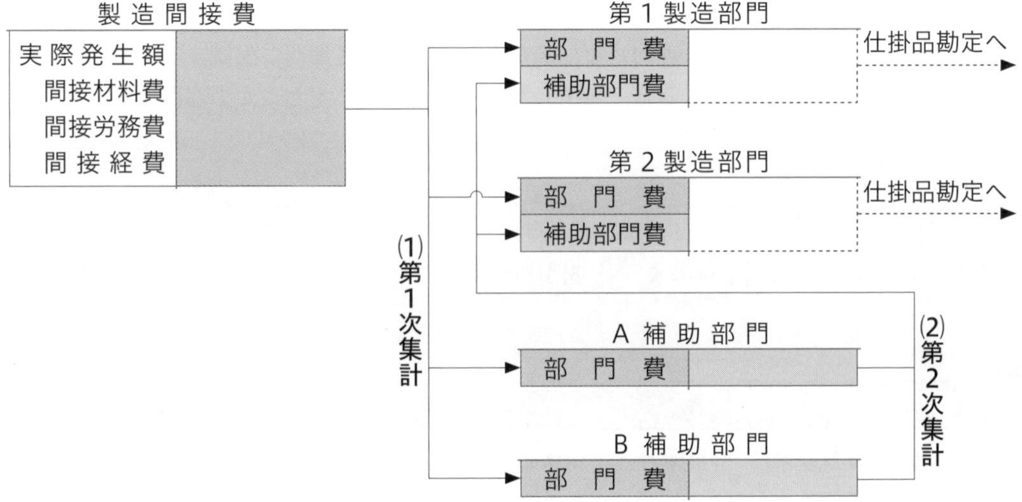

〈仕　訳〉

⑴ 部門個別費と部門共通費の集計（第１次集計）

（第１製造部門）	×××	（製造間接費）	×××
（第２製造部門）	×××		
（Ａ補助部門）	×××		
（Ｂ補助部門）	×××		

⑵ 補助部門費の製造部門への配賦（第２次集計）

（第１製造部門）	×××	（Ａ補助部門）	×××
（第２製造部門）	×××	（Ｂ補助部門）	×××

2 部門別計算の手続き

1. 部門個別費と部門共通費の集計

部門別計算においては，まず，発生した製造間接費を，どの部門で発生したかを直接に認識できる費目と，工場全体で（＝いくつかの部門に共通に）発生した費目とに分類する。その際，前者のどの部門で発生したかを直接に認識できる費目を部門個別費といい，後者のいくつかの部門に共通に発生した費目を部門共通費という。

部門個別費 … どの部門で発生したかを直接に認識できる費目
部門共通費 … いくつかの部門に共通に発生した費目

(1) 部門個別費の各部門への直課

部門個別費は，どの部門で発生したかを直接に認識できるので，発生した特定の部門に直接に賦課（＝直課）する。

(2) 部門共通費の配賦

部門共通費は，適当（＝合理的）な配賦基準によって，各部門に配賦する。

なお，この手続きが終了すると，発生した製造間接費は必ずどこかの部門に集計されていることになる。

部門個別費 … 発生した特定の部門に直課
部門共通費 … 適当な配賦基準により各部門に配賦

参考 部門共通費の配賦基準

部門共通費の配賦基準は，(a)配賦すべき関係部門に共通した基準であること，(b)配賦すべき費目と配賦基準とが相関関係にあること，の諸点を考慮して決定することが必要である。たとえば，次のような配賦基準が使用される。

建物関係の部門共通費（建物の減価償却費，賃借料，保険料，固定資産税，修繕料など）は各部門の占有面積を配賦基準とする。

厚生費，福利施設負担額などは，各部門の従業員数を配賦基準とする。

このような，発生した製造間接費を各部門に集計する手続きを第１次集計といい，第１次集計により各部門に集計された製造間接費のことを，部門費または第１次集計費という。

具体的な第１次集計の方法は，部門費配賦表の作成により各部門ごとの第１次集計費の計算（部門個別費の直課と部門共通費の配賦）を行い，その結果にもとづいて，帳簿上の仕訳と諸勘定への転記を行う。

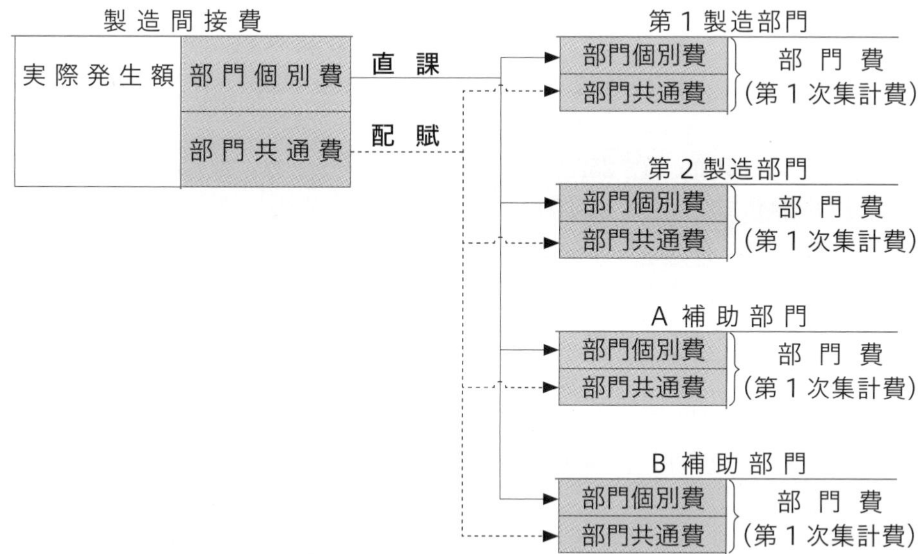

参考　原価計算基準17（一部）：部門個別費と部門共通費

原価要素は，これを原価部門に分類集計するに当たり，当該部門において発生したことが直接的に認識されるかどうかによって，部門個別費と部門共通費とに分類する。

部門個別費は，原価部門における発生額を直接に当該部門に賦課し，部門共通費は，原価要素別に又はその性質に基づいて分類された原価要素群別にもしくは一括して，適当な配賦基準によって関係各部門に配賦する。

設例 8-1

次の資料にもとづいて，部門費を各製造部門と補助部門へ集計（第１次集計）しなさい。

（資　料）

1．部門個別費

切削部門	組立部門	動力部門	修繕部門	事務部門
200,000円	170,000円	60,000円	90,000円	80,000円

2．部門共通費

福利施設負担額　252,000円
建物減価償却費　150,000円
機械保険料　98,000円

3．部門共通費の配賦基準

	合計	切削部門	組立部門	動力部門	修繕部門	事務部門
従業員数	210人	90人	70人	20人	20人	10人
占有面積	600㎡	200㎡	200㎡	100㎡	60㎡	40㎡
機械帳簿価額	980万円	440万円	250万円	80万円	150万円	60万円

【解　答】

部門費配賦表　（単位：円）

摘要	配賦基準	合計	製造部門		補助部門		
			切削部門	組立部門	動力部門	修繕部門	事務部門
部門個別費		600,000	200,000	170,000	60,000	90,000	80,000
部門共通費							
福利施設負担額	従業員数	252,000	108,000	84,000	24,000	24,000	12,000
建物減価償却費	占有面積	150,000	50,000	50,000	25,000	15,000	10,000
機械保険料	機械帳簿価額	98,000	44,000	25,000	8,000	15,000	6,000
部門費		1,100,000	402,000	329,000	117,000	144,000	108,000

【解　説】

部門共通費は，費目別にそれぞれ適切な配賦基準を選択し，各部門へと配賦する。本問において，部門共通費の配賦基準は次のとおりである。

福利施設負担額→従業員数
建物減価償却費→占有面積
機械保険料→機械帳簿価額

また，計算過程は次のようになる。

福利施設負担額：$\dfrac{252,000円}{90人+70人+20人+20人+10人}$×90人＝108,000円（切削部門へ）

〃 ×70人＝ 84,000円（組立部門へ）

〃 ×20人＝ 24,000円（動力部門へ）

〃 ×20人＝ 24,000円（修繕部門へ）

〃 ×10人＝ 12,000円（事務部門へ）

建物減価償却費：$\dfrac{150,000円}{200m^2+200m^2+100m^2+60m^2+40m^2}$×200㎡＝50,000円（切削部門へ）

〃 ×200㎡＝50,000円（組立部門へ）

〃 ×100㎡＝25,000円（動力部門へ）

〃 × 60㎡＝15,000円（修繕部門へ）

〃 × 40㎡＝10,000円（事務部門へ）

機械保険料：$\dfrac{98,000円}{440万円+250万円+80万円+150万円+60万円}$×440万円＝44,000円（切削部門へ）

〃 ×250万円＝25,000円（組立部門へ）

〃 × 80万円＝ 8,000円（動力部門へ）

〃 ×150万円＝15,000円（修繕部門へ）

〃 × 60万円＝ 6,000円（事務部門へ）

勘定連絡図は次のとおりとなる。

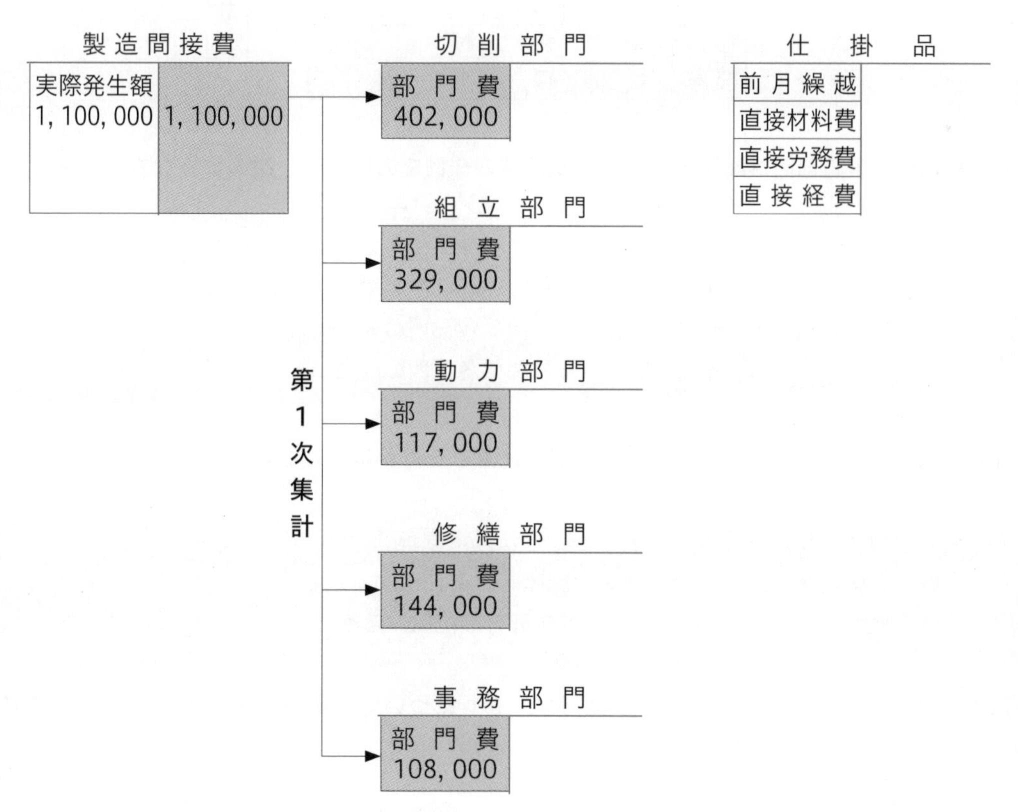

2. 補助部門費の製造部門への配賦

第1次集計によって，製造間接費は各部門に集計されるが，そのうち補助部門に集計された部門費は，その補助部門が用役を提供した関係部門に対して配賦される。この配賦先は，製造部門だけでなく他の補助部門のこともあるが，最終的には製造部門に集計される。この手続きを補助部門費の製造部門への配賦，または第2次集計という。

なお，この手続きが終了すると，発生した製造間接費はいずれかの製造部門に集計されていることになる。

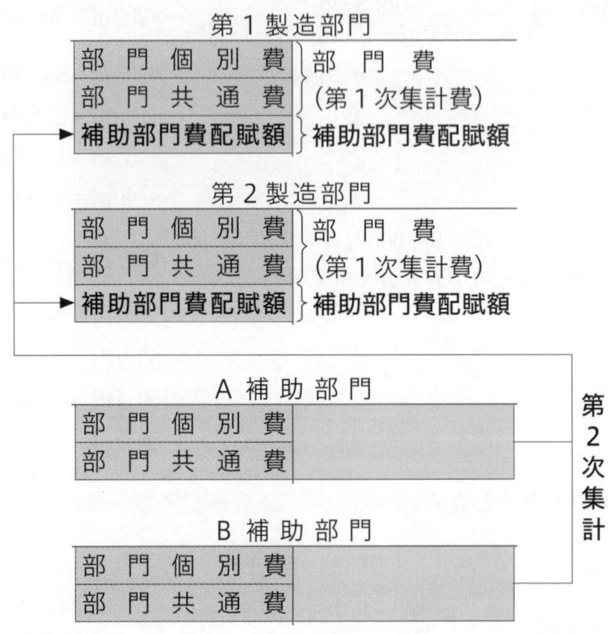

補助部門費を製造部門へ配賦する際の配賦基準の一例をあげると，次のようなものがある。

補助部門費		配賦基準
動力部門費	……	関係各部門の動力消費量
修繕部門費	……	関係各部門の修繕時間
事務部門費	……	関係各部門の従業員数

補助部門費の配賦にあたっては，次の3点に注意しなければならない。

(a) 補助部門間相互の用役の授受をどのように考えるか
(b) 変動費と固定費とにそれぞれ別個の配賦基準を使用するかどうか
(c) 実際配賦するか，予定配賦するか，予算許容額配賦するか

以下，本テーマでは(a)についてのみ説明し，(b)(c)については次の「テーマ9」において取り扱う。

3. 補助部門間相互の用役の授受

補助部門費を製造部門に配賦する際には，補助部門間相互の用役の授受を，配賦計算上どの程度考慮するのかを考える必要がある。

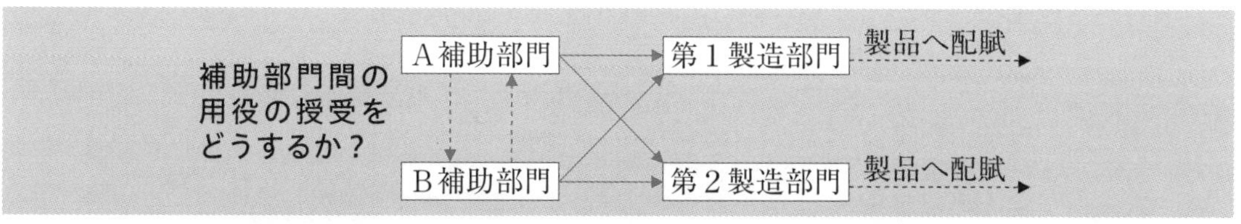

具体的には，次のような配賦方法がある。

- 補助部門費の配賦方法
  - **直接配賦法**
  - **相互配賦法**
    - 簡便法としての相互配賦法
    - **純粋の相互配賦法**
      - **連立方程式法**
      - 連続配賦法
  - **階梯式（かいていしき）配賦法**

参考　原価計算基準18（一部）：部門別計算の手続（補助部門費の製造部門への配賦）

補助部門費は，直接配賦法，階梯式配賦法，相互配賦法等にしたがい，適当な配賦基準によって，これを各製造部門に配賦し，製造部門費を計算する。

(1) **直接配賦法**

直接配賦法は，補助部門間の用役のやりとりがあっても，配賦計算上はそれらを無視する方法である。とにかく補助部門費を製造部門にのみ配賦してしまえばよい，とする最も単純な方法である。

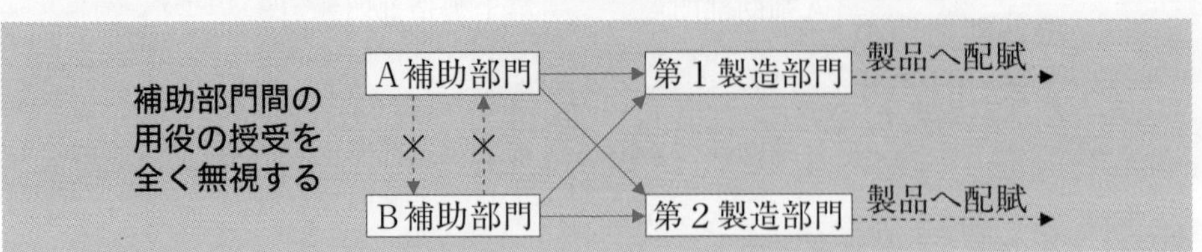

設例 8-2

次の資料にもとづいて，直接配賦法により補助部門費の配賦（第2次集計）を行いなさい。

（資　料）

	合　計	切削部門	組立部門	動力部門	修繕部門	事務部門
部　門　費	1, 100, 000円	402, 000円	329, 000円	117, 000円	144, 000円	108, 000円
補助部門費配賦基準						
動力消費量	1, 000kwh	500kwh	400kwh	——	100kwh	——
修繕作業時間	500時間	200時間	200時間	100時間	——	——
従業員数	210人	90人	70人	20人	20人	10人

【解　答】

部　門　費　配　賦　表　　　　（単位：円）

摘　　要	合　計	製造部門		補助部門		
		切削部門	組立部門	動力部門	修繕部門	事務部門
部　門　費	1, 100, 000	402, 000	329, 000	117, 000	144, 000	108, 000
動力部門費		65, 000	52, 000			
修繕部門費		72, 000	72, 000			
事務部門費		60, 750	47, 250			
製造部門費	1, 100, 000	599, 750	500, 250			

【解　説】

計算過程は次のようになる。

動力部門費：$\frac{117,000円}{500\text{kwh}+400\text{kwh}}\times 500\text{kwh}=65,000円$（切削部門へ）

〃　$\times 400\text{kwh}=52,000円$（組立部門へ）

修繕部門費：$\frac{144,000円}{200時間+200時間}\times 200時間=72,000円$（切削部門へ）

〃　$\times 200時間=72,000円$（組立部門へ）

$$事務部門費：\frac{108,000円}{90人+70人}×90人=60,750円（切削部門へ）$$

$$〃 \qquad ×70人=47,250円（組立部門へ）$$

勘定連絡図は次のとおりとなる。

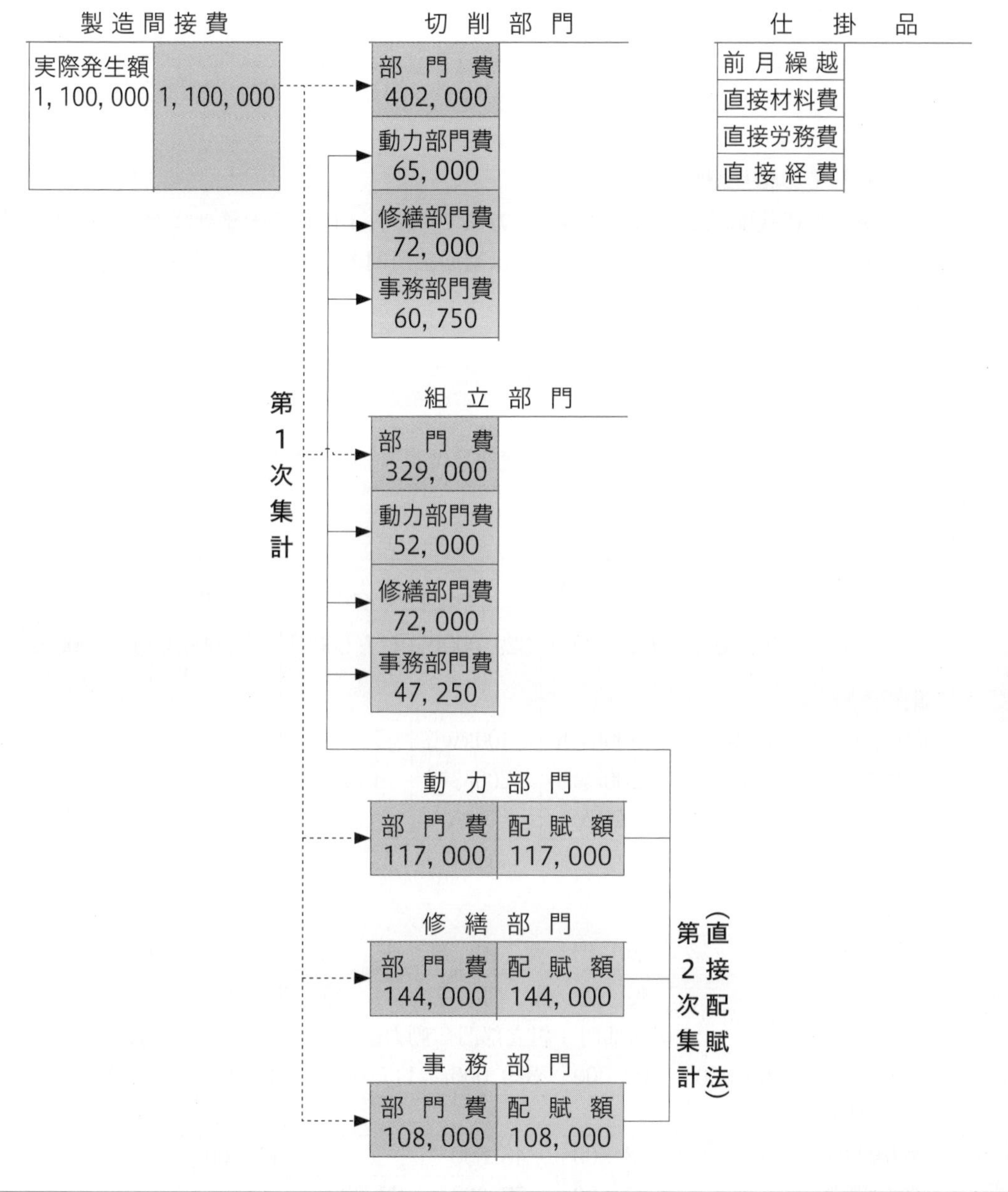

(2) **相互配賦法**

相互配賦法は，補助部門間の用役のやりとりを，配賦計算上も考慮する方法である。相互配賦法には，純粋の相互配賦法のほかに，簡便法としての相互配賦法もある。

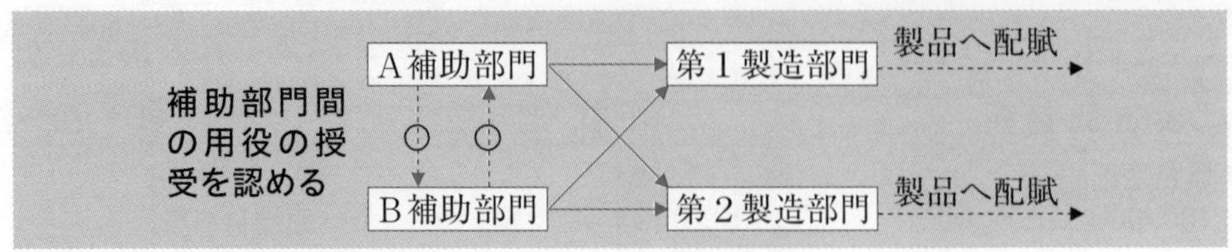

① **簡便法としての相互配賦法**

相互配賦法と直接配賦法を組み合わせた方法である。1回目の配賦計算では補助部門間のやりとりを認めるが，2回目の配賦計算では補助部門間のやりとりを認めずに直接配賦法により計算する。

設例 8-3

次の資料にもとづいて，相互配賦法（簡便法）により補助部門費の配賦（第2次集計）を行いなさい。

（資　料）

	合　計	切削部門	組立部門	動力部門	修繕部門	事務部門
部　門　費	1,100,000円	402,000円	329,000円	117,000円	144,000円	108,000円
補助部門費配賦基準						
動力消費量	1,000kwh	500kwh	400kwh	——	100kwh	——
修繕作業時間	500時間	200時間	200時間	100時間	——	——
従業員数	210人	90人	70人	20人	20人	10人

【解　答】

部　門　費　配　賦　表　　（単位：円）

摘　要	合　計	製造部門		補助部門		
		切削部門	組立部門	動力部門	修繕部門	事務部門
部　門　費	1,100,000	402,000	329,000	117,000	144,000	108,000
第1次配賦						
動力部門費		58,500	46,800	——	11,700	——
修繕部門費		57,600	57,600	28,800	——	——
事務部門費		48,600	37,800	10,800	10,800	——
第2次配賦				39,600	22,500	——
動力部門費		22,000	17,600			
修繕部門費		11,250	11,250			
製造部門費	1,100,000	599,950	500,050			

【解　説】

1．第1次配賦：補助部門間相互の用役の授受を認める。

動力部門費：$\dfrac{117,000円}{500kwh+400kwh+100kwh}$×500kwh＝58,500円（切削部門へ）

〃　×400kwh＝46,800円（組立部門へ）

〃　×100kwh＝11,700円（修繕部門へ）

修繕部門費：$\dfrac{144,000円}{200時間+200時間+100時間}$×200時間＝57,600円（切削部門へ）

〃　×200時間＝57,600円（組立部門へ）

〃　×100時間＝28,800円（動力部門へ）

事務部門費：$\dfrac{108,000円}{90人+70人+20人+20人}$×90人＝48,600円（切削部門へ）

〃　×70人＝37,800円（組立部門へ）

〃　×20人＝10,800円（動力部門へ）

〃　×20人＝10,800円（修繕部門へ）

事務部門から事務部門への配賦（用役の自家消費の考慮）は行わないので注意すること。

2．第2次配賦：補助部門間相互の用役の授受を認めずに直接配賦法により配賦する。

動力部門費：$\dfrac{39,600円}{500kwh+400kwh}$×500kwh＝22,000円（切削部門へ）

〃　×400kwh＝17,600円（組立部門へ）

修繕部門費：$\dfrac{22,500円}{200時間+200時間}$×200時間＝11,250円（切削部門へ）

〃　×200時間＝11,250円（組立部門へ）

勘定連絡図は次のとおりとなる。

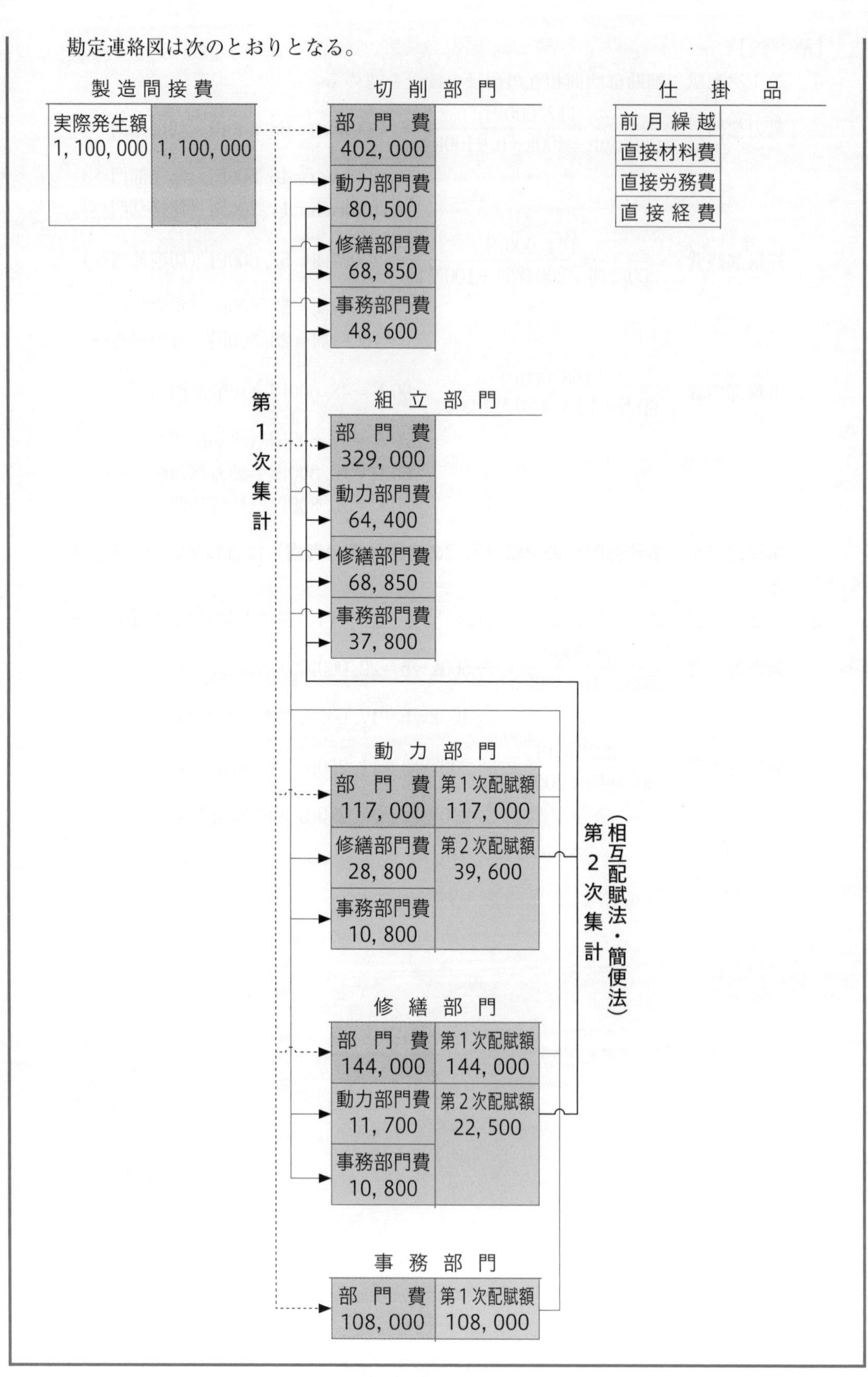

② **純粋の相互配賦法（連立方程式法）**

補助部門間の用役のやりとりを認め，各補助部門費を相互に配賦しあった最終の補助部門費を連立方程式で計算する方法である。

設例 8-4

次の資料にもとづいて，相互配賦法（連立方程式法）により補助部門費の配賦（第2次集計）を行いなさい。

（資　料）

	合　計	切削部門	組立部門	動力部門	修繕部門	事務部門
部　門　費	1,100,000円	402,000円	329,000円	117,000円	144,000円	108,000円
補助部門費配賦基準						
動力消費量	1,000kwh	500kwh	400kwh	——	100kwh	——
修繕作業時間	500時間	200時間	200時間	100時間	——	——
従業員数	210人	90人	70人	20人	20人	10人

【解　答】

部　門　費　配　賦　表　（単位：円）

摘　要	合　計	製造部門		補助部門		
		切削部門	組立部門	動力部門	修繕部門	事務部門
部　門　費	1,100,000	402,000	329,000	117,000	144,000	108,000
動力部門費		81,000	64,800	(162,000)	16,200	——
修繕部門費		68,400	68,400	34,200	(171,000)	——
事務部門費		48,600	37,800	10,800	10,800	(108,000)
製造部門費	1,100,000	600,000	500,000	0	0	0

【解　説】

計算手順は次のとおりとなる。

1．最終的に計算された（相互に配賦済みの）動力部門費をa，修繕部門費をb，事務部門費をcとおく。

部　門　費　配　賦　表　（単位：円）

摘　要	合　計	製造部門		補助部門		
		切削部門	組立部門	動力部門	修繕部門	事務部門
部　門　費	1,100,000	402,000	329,000	117,000	144,000	108,000
動力部門費(=a)						
修繕部門費(=b)						
事務部門費(=c)						
製造部門費				a	b	c

2．そのａ，ｂ，ｃを用役提供割合にもとづいて各部門に配賦する。ただし，特段の指示がないかぎり，事務部門から事務部門への配賦（用役の自家消費の考慮）は行わない。

部門費配賦表　（単位：円）

摘要	合計	製造部門		補助部門		
		切削部門	組立部門	動力部門	修繕部門	事務部門
部門費	1,100,000	402,000	329,000	117,000	144,000	108,000
動力部門費(＝a)		0.5a	0.4a	——	0.1a	——
修繕部門費(＝b)		0.4b	0.4b	0.2b	——	——
事務部門費(＝c)		0.45c	0.35c	0.1c	0.1c	——
製造部門費				a	b	c

3．部門費配賦表の補助部門の列を縦に見て，連立方程式を立てる。

$$\begin{cases} a = 117,000 + 0.2b + 0.1c \cdots① \\ b = 144,000 + 0.1a + 0.1c \cdots② \\ c = 108,000 \cdots\cdots\cdots\cdots③ \end{cases}$$

4．上記，連立方程式を解く。

↓③式を①式と②式に代入する。

$$\begin{cases} a = 117,000 + 0.2b + 0.1 \times 108,000 \\ b = 144,000 + 0.1a + 0.1 \times 108,000 \end{cases}$$

↓

$$\begin{cases} a = 117,000 + 0.2b + 10,800 \\ b = 144,000 + 0.1a + 10,800 \end{cases}$$

↓

$$\begin{cases} a = 127,800 + 0.2b \cdots①' \\ b = 154,800 + 0.1a \cdots②' \end{cases}$$

↓②′式を①′式に代入する。

$a = 127,800 + 0.2 \times (154,800 + 0.1a)$

$a = 127,800 + 30,960 + 0.02a$

$a - 0.02a = 127,800 + 30,960$

$0.98a = 158,760$

↓両辺を0.98で割る。

$a = 162,000$

↓ a ＝162,000を②′式に代入する。

$b = 154,800 + 0.1 \times 162,000$

$b = 154,800 + 16,200$

$b = 171,000$

↓したがって，解答は次のとおりである。

$$\begin{cases} a = 162,000 \\ b = 171,000 \\ c = 108,000 \end{cases}$$

5．連立方程式の解（a，b，cの数値）を2．の部門費配賦表に代入する。

部　門　費　配　賦　表　　　　（単位：円）

摘　　要	合　計	製造部門		補助部門		
		切削部門	組立部門	動力部門	修繕部門	事務部門
部　門　費	1,100,000	402,000	329,000	117,000	144,000	108,000
動力部門費		81,000	64,800	——	16,200	——
修繕部門費		68,400	68,400	34,200	——	——
事務部門費		48,600	37,800	10,800	10,800	——
製造部門費				162,000	171,000	108,000

6．部門費配賦表の表示形式を整える。

部　門　費　配　賦　表　　　　（単位：円）

摘　　要	合　計	製造部門		補助部門		
		切削部門	組立部門	動力部門	修繕部門	事務部門
部　門　費	1,100,000	402,000	329,000	117,000	144,000	108,000
動力部門費		81,000	64,800	(162,000)	16,200	——
修繕部門費		68,400	68,400	34,200	(171,000)	——
事務部門費		48,600	37,800	10,800	10,800	(108,000)
製造部門費	1,100,000	600,000	500,000	0	0	0

（注）部門費配賦表の金額に付した（　）はマイナス記入を意味し，関係部門へ配賦したことを示す。

【参　考】自家消費を考慮した場合の計算

事務部門について，自家消費を考慮した場合の連立方程式とその解，解を代入した後の部門費配賦表を示すと次のようになる。

$$\begin{cases} a = 117,000 + 0.2\,b + \dfrac{20}{210}c \\ b = 144,000 + 0.1\,a + \dfrac{20}{210}c \\ c = 108,000 + \dfrac{10}{210}c \end{cases} \rightarrow \begin{cases} a = 162,000 \\ b = 171,000 \\ c = 113,400 \end{cases}$$

部　門　費　配　賦　表　　　　（単位：円）

摘　　要	合　計	製造部門		補助部門		
		切削部門	組立部門	動力部門	修繕部門	事務部門
部　門　費	1,100,000	402,000	329,000	117,000	144,000	108,000
動力部門費		81,000	64,800	(162,000)	16,200	——
修繕部門費		68,400	68,400	34,200	(171,000)	——
事務部門費		48,600	37,800	10,800	10,800	5,400 (113,400)
製造部門費	1,100,000	600,000	500,000	0	0	0

上記からわかるように，補助部門の自家消費を考慮してもしなくても，最終的な計算結果に変わりはない。

補助部門の自家消費を考慮しない場合の勘定連絡図は次のとおりとなる。

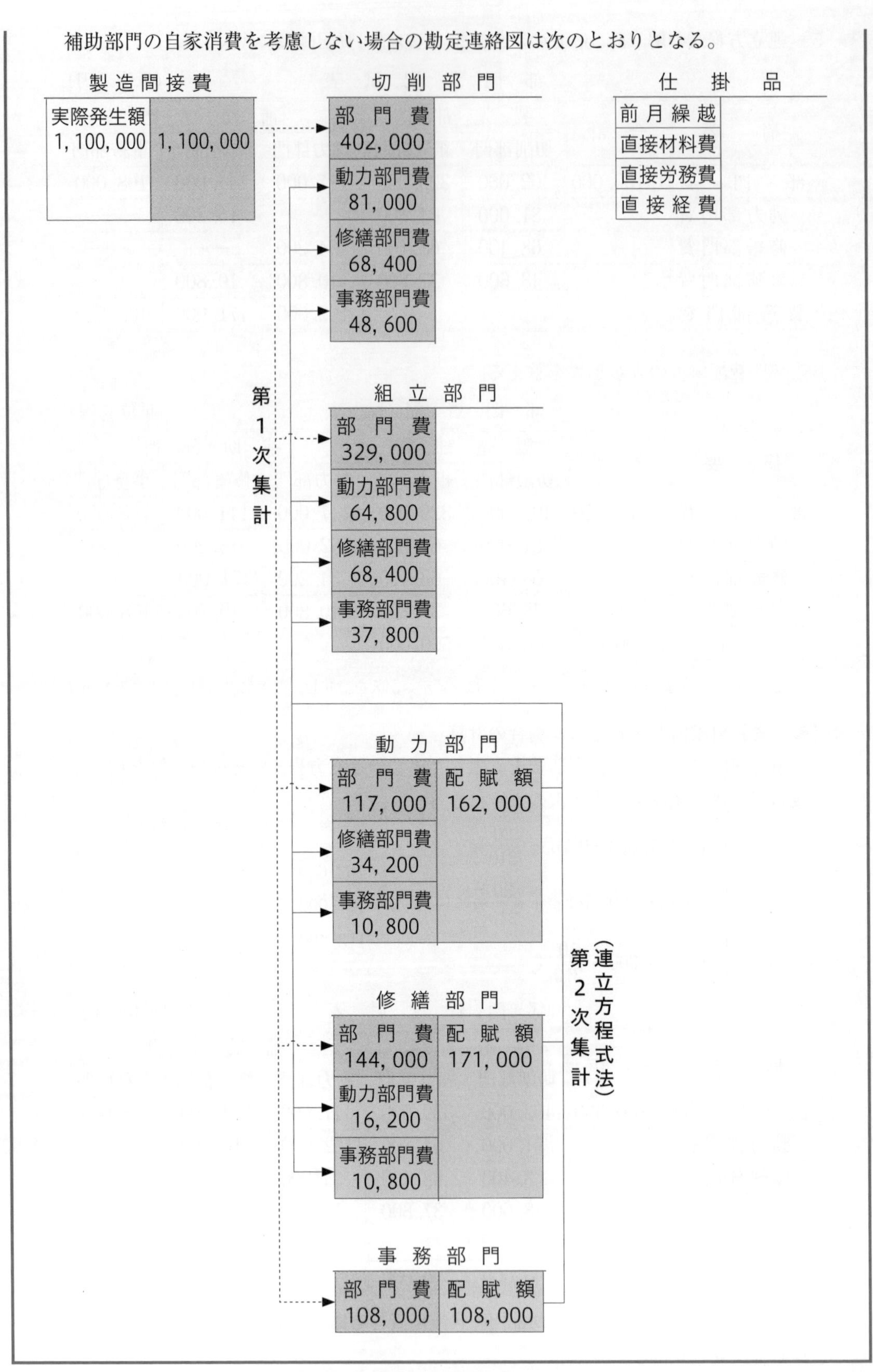

研究　純粋の相互配賦法（連続配賦法）について

連続配賦法とは，各補助部門費が（限りなく）ゼロになるまで配賦計算を繰り返す方法をいう。

■設　例

次の資料にもとづいて，相互配賦法（連続配賦法）により補助部門費の配賦（第２次集計）を行いなさい。

（資　料）

	合　計	切削部門	組立部門	動力部門	修繕部門	事務部門
部　門　費	1,100,000円	402,000円	329,000円	117,000円	144,000円	108,000円
補助部門費配賦基準						
動力消費量	1,000kwh	500kwh	400kwh	——	100kwh	——
修繕作業時間	500時間	200時間	200時間	100時間	——	——
従業員数	210人	90人	70人	20人	20人	10人

【解　答】

部　門　費　配　賦　表　　　　（単位：円）

摘　　要	合　計	製造部門		補助部門		
		切削部門	組立部門	動力部門	修繕部門	事務部門
部　門　費	1,100,000	402,000	329,000	117,000	144,000	108,000
第１次配賦						
動力部門費		58,500	46,800	——	11,700	——
修繕部門費		57,600	57,600	28,800	——	——
事務部門費		48,600	37,800	10,800	10,800	——
第２次配賦				39,600	22,500	——
動力部門費		19,800	15,840	——	3,960	——
修繕部門費		9,000	9,000	4,500	——	——
第３次配賦				4,500	3,960	——
動力部門費		2,250	1,800	——	450	——
修繕部門費		1,584	1,584	792	——	——
第４次配賦				792	450	——
動力部門費		396	317	——	79	——
修繕部門費		180	180	90	——	——
第５次配賦				90	79	——
動力部門費		45	36	——	9	——
修繕部門費		32	32	16	——	——
第６次配賦				16	9	——
動力部門費		8	6	——	2	——
修繕部門費		4	4	2	——	——
第７次配賦				2	2	——
動力部門費		1	1	——	0	——
修繕部門費		1	1	0	——	——
製造部門費	1,100,000	600,000	500,000	0	0	——

（注）上記の計算では，端数処理により，表示を一部調整している。

(3) 階梯式配賦法

階梯式配賦法は，直接配賦法のように補助部門間の用役のやりとりをすべて無視することはせずに，一部は計算上考慮する方法である。したがって，階梯式配賦法では，補助部門間のやりとりのうち，どれを考慮しどれを無視するかを決定しなければならない（順位づけの必要性）。そこで，補助部門を順位づけし，上位の補助部門からの用役の流れは考慮するが，下位の補助部門からの用役の流れは無視する。そうすることで，補助部門費が配賦によっていったりきたりするという複雑さを回避しているのである。

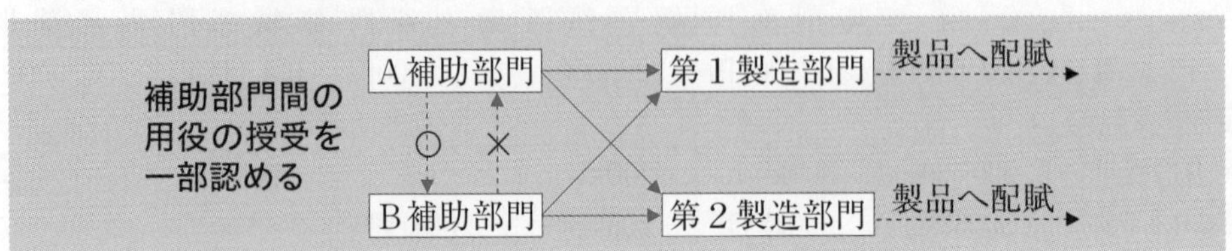

補助部門の順位づけに関するルールは，次のとおりである。

第１判断基準

他の補助部門への用役提供件数が多い補助部門を上位とする（自部門への用役提供は含めない）。

第２判断基準

他の補助部門への用役提供件数が同数の場合は，次のいずれかの方法による。

(i) 第１次集計費の多い方を上位とする。

(ii) 相互の配賦額を比較し，相手への配賦額の多い方を上位とする。

設例 8-5

次の資料にもとづいて，階梯式配賦法により補助部門費の配賦（第２次集計）を行いなさい。

（資　料）

	合　計	切削部門	組立部門	動力部門	修繕部門	事務部門
部　門　費	1, 100, 000円	402, 000円	329, 000円	117, 000円	144, 000円	108, 000円
補助部門費配賦基準						
動力消費量	1, 000kwh	500kwh	400kwh	——	100kwh	——
修繕作業時間	500時間	200時間	200時間	100時間	——	——
従業員数	210人	90人	70人	20人	20人	10人

【解　答】

部　門　費　配　賦　表　　　　　　(単位：円)

摘　　要	合　計	製造部門		補助部門		
		切削部門	組立部門	動力部門	修繕部門	事務部門
部　門　費	1,100,000	402,000	329,000	117,000	144,000	108,000
事務部門費		48,600	37,800	10,800	10,800	108,000
修繕部門費		61,920	61,920	30,960	154,800	
動力部門費		88,200	70,560	158,760		
製造部門費	1,100,000	600,720	499,280			

【解　説】

計算手順は次のとおりとなる。

1．補助部門の順位づけ

　第1判断基準…他の補助部門への用役提供件数

　第2判断基準…同一順位の部門の第1次集計費

	第1判断基準	第2判断基準	
動力部門	動力部門→修繕部門（1件）	117,000円	…**第3位**
修繕部門	修繕部門→動力部門（1件）	144,000円	…**第2位**
事務部門	事務部門→動力部門，修繕部門（2件）…**第1位**		

2．補助部門の順位づけができたら，先順位から部門費配賦表の補助部門欄に右から左へ記入していく。

部　門　費　配　賦　表　　　　　　(単位：円)

摘　　要	合　計	製造部門		補助部門		
		切削部門	組立部門	第3位	第2位	第1位
部　門　費						
第　1　位						
第　2　位						
第　3　位						
製造部門費						

3．最右端の事務部門（第1位）から，自部門より左の部門（製造部門および下位の補助部門）へ配賦を開始する。

$$事務部門費：\frac{108,000円}{90人+70人+20人+20人}\times 90人=48,600円（切削部門へ）$$

〃　　×70人＝37,800円（組立部門へ）

〃　　×20人＝10,800円（動力部門へ）

〃　　×20人＝10,800円（修繕部門へ）

事務部門から事務部門への配賦（用役の自家消費の考慮）は行わないので注意すること。

Theme 08 原価の部門別計算（Ⅰ）

$$修繕部門費：\frac{144,000円+10,800円}{200時間+200時間+100時間}\times 200時間=61,920円（切削部門へ）$$

$$〃\qquad \times 200時間=61,920円（組立部門へ）$$

$$〃\qquad \times 100時間=30,960円（動力部門へ）$$

$$動力部門費：\frac{117,000円+10,800円+30,960円}{500kwh+400kwh}\times 500kwh=88,200円（切削部門へ）$$

$$〃\qquad \times 400kwh=70,560円（組立部門へ）$$

動力部門（第3位）から修繕部門（第2位）への用役の提供（100kwh）は，配賦計算上考慮しないので注意すること。

勘定連絡図は次のとおりとなる。

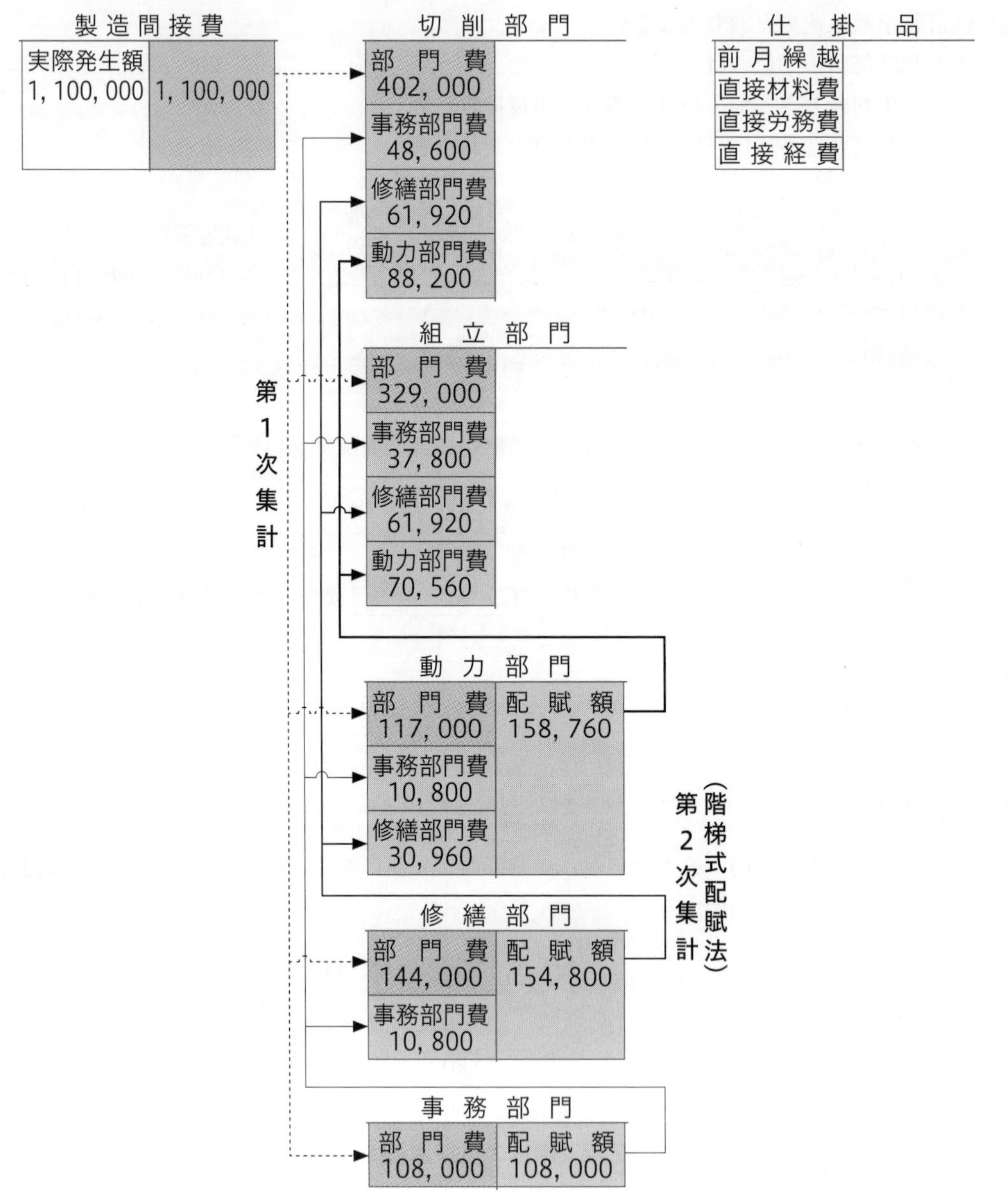

〈相互の配賦額基準について〉

本設例では，補助部門の順位づけに際し，他の補助部門への用役提供件数が同じ（互いに1件ずつ）動力部門と修繕部門は，第2判断基準によって第1次集計費の大きい修繕部門を上位とした。日商1級では特に指示がなければ，第1次集計費の大小で判断してよいと思われる。

しかし，第2判断基準には，相互の配賦額の大小により順位を決定する方法もある。

この場合には，補助部門間での配賦額を比較し，相手への配賦額が大きくなる補助部門が上位となるように順位を決定する。

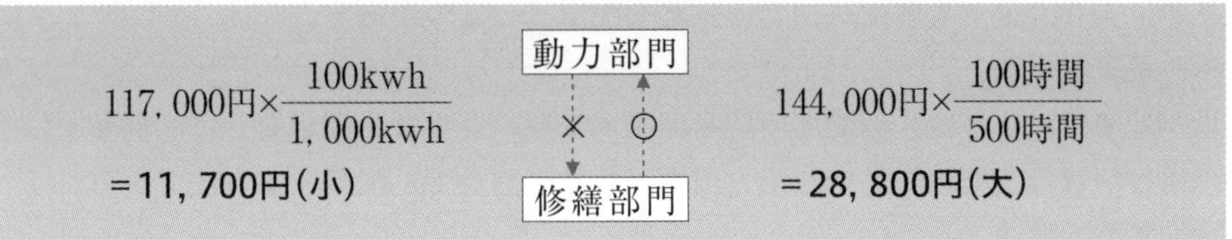

上記の計算結果を比較して，相手への配賦額が大きい修繕部門を第2位とし，動力部門を第3位とする。

結果として，順位づけは第1次集計費の大小で決定した場合と同じになったが，問題によっては，順位が異なるケースもあるので，問題文の指示にしたがうこと。

補足　補助部門間相互の用役の授受についてのまとめ

補助部門間相互の用役の授受をどの程度計算に反映させるかは，部門別計算の目的に照らし合わせ，状況に応じて企業が選択することになる。

各方法の相互の関係は次のようになる。

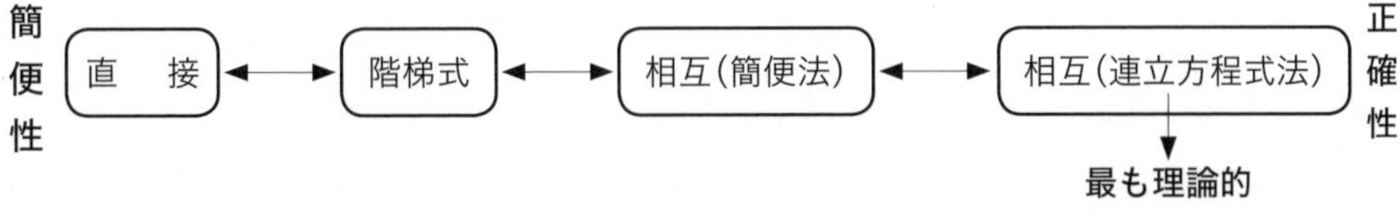

09 Theme 原価の部門別計算（Ⅱ）

Check ここでは，部門別計算における第２次集計についてさらに学習を進めるとともに，製造部門費の予定配賦の手続きについて学習する。特に，複数基準配賦法と部門別計算全体の計算手続を理解することが重要である。

1 単一基準配賦法と複数基準配賦法

1. 単一基準配賦法と複数基準配賦法の意義

補助部門費を関係部門に配賦する際に，変動費と固定費とにそれぞれ別個の配賦基準を使用するかどうかにより，単一基準配賦法と複数基準配賦法の２つがある。

(1) 単一基準配賦法

単一基準配賦法とは，補助部門費を配賦する際，変動費と固定費とに区別せずに，関係部門の用役消費量を配賦基準として（用役消費量の割合で）配賦する方法である。

(2) 複数基準配賦法

複数基準配賦法とは，補助部門費を配賦する際，変動費と固定費とに区別し，変動費は関係部門の用役消費量を配賦基準として（用役消費量の割合で）配賦し，固定費は関係部門の用役消費能力を配賦基準として（用役消費能力の割合で）配賦する方法である。

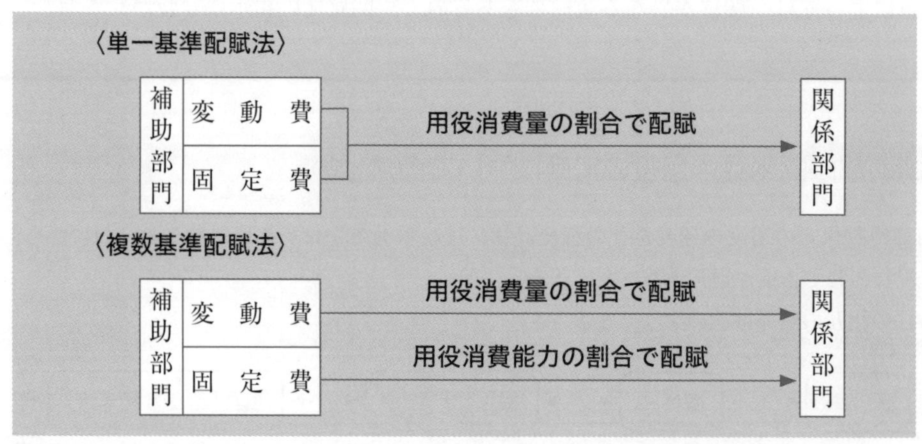

（注）これまで学習してきた計算はすべて，単一基準配賦法により補助部門費を関係部門に配賦していた。

2. 複数基準配賦法の根拠

変動費は，業務活動にともなって発生する原価（activity costs）であり，関係部門の用役消費量によって発生額が左右される。一方，固定費は当該補助部門の用役供給能力を維持するための原価（capacity costs）であり，その発生額の大きさは用役供給能力の規模に依存する。また，用役供給能力の規模は，その用役を消費する関係部門の用役消費能力によって左右される。

このように，補助部門の変動費と固定費は原価発生の性質が異なるため，別個の適切な基準で製造部門へ配賦すべきである。

設例 9-1

当社の動力部門は，その製造部門である切削部門と組立部門に動力を供給している。そこで，次に示す当月の資料にもとづき，直接配賦法と単一基準配賦法により動力部門費の実際配賦を行いなさい。

（資　料）

1．製造部門の動力消費量（単位：キロワットアワー，以下 kwh と表示する）

	切削部門	組立部門	合　計
(1) 月間消費能力	800	450	1, 250
(2) 当月の実際消費量	500	400	900

（注）月間消費能力 1, 250kwhは，年間消費能力にもとづき設定されている。

2．動力部門の当月実績データ

動力月間供給量：	900kwh
動力部門費：	
変動費	54, 000円
固定費	63, 000円
合計	117, 000円

【解　答】

動　力　部　門　（単位：円）

実際発生額		実際配賦額	
変動費	54, 000	切削部門	65, 000
固定費	63, 000	組立部門	52, 000
	117, 000		117, 000

【解　説】

単一基準配賦法により動力部門費を実際配賦するため，変動費，固定費ともに製造部門の実際用役消費量の割合で配賦する。

$$\text{動力部門費（実際）配賦額：}\frac{117,000\text{円}}{500\text{kwh}+400\text{kwh}}\times 500\text{kwh}= 65,000\text{円（切削部門へ）}$$

$$〃\quad \times 400\text{kwh}= 52,000\text{円（組立部門へ）}$$

合　計　117, 000円

単一基準配賦法で補助部門費を配賦すると，固定費があたかも変動費のように用役消費量の割合で配賦され，原価の性質に応じた配賦計算が行えないという欠点がある。

また，自部門の用役消費量が同じでも，他部門の用役消費量の増減によって自部門に対する配賦額が変化してしまうという欠点もある。これは，自部門への配賦額に含まれる固定費が，他部門の用役消費量次第で変化するからである。

これらの欠点を克服するには，複数基準配賦法で補助部門費の配賦を行えばよい。

設例 9-2

当社の動力部門は，その製造部門である切削部門と組立部門に動力を供給している。そこで，次に示す当月の資料にもとづき，直接配賦法と複数基準配賦法により動力部門費の実際配賦を行いなさい。

（資　料）

1．製造部門の動力消費量（単位：キロワットアワー，以下 kwh と表示する）

	切削部門	組立部門	合　計
(1) 月間消費能力	800	450	1, 250
(2) 当月の実際消費量	500	400	900

（注）月間消費能力 1, 250kwhは，年間消費能力にもとづき設定されている。

2．動力部門の当月実績データ

動力月間供給量：	900kwh
動力部門費：	
変　動　費	54, 000円
固　定　費	63, 000円
合　　計	117, 000円

【解　答】

動　力　部　門　（単位：円）

実際発生額		実際配賦額	
変動費	54, 000	切削部門	70, 320
固定費	63, 000	組立部門	46, 680
	117, 000		117, 000

【解　説】

複数基準配賦法により動力部門費を実際配賦するため，変動費は製造部門の実際用役消費量の割合で，固定費は製造部門の用役消費能力の割合で配賦する。

動力部門費配賦額：変動費；$\dfrac{54,000円}{500kwh + 400kwh} \times 500kwh = 30,000円$（切削部門へ）

〃 $\times 400kwh = 24,000円$（組立部門へ）

固定費；$63,000円 \times \dfrac{800kwh}{800kwh + 450kwh} = 40,320円$（切削部門へ）

〃 $\times \dfrac{450kwh}{800kwh + 450kwh} = 22,680円$（組立部門へ）

合　計　117, 000円

したがって，切削部門への配賦額は 70, 320円（＝ 30, 000円＋ 40, 320円），組立部門への配賦額は 46, 680円（＝ 24, 000円＋ 22, 680円）となる。

2 補助部門費の配賦方法と責任会計

1. 補助部門費の配賦方法と責任会計

補助部門費を製造部門に配賦する際には，［設例9－1］や［設例9－2］のように補助部門費の実際発生額を配賦することが比較的多い。しかし，補助部門費を実際配賦することは，責任会計の見地から望ましくない。なぜなら，補助部門費を実際配賦すると業績測定に適切な原価を製造部門に集計することができないからである。

なお，責任会計とは，業績の測定と評価を適切に行うための会計手法のことをいう。

責任会計においては，各センターの責任者は自ら管理可能な原価についての発生責任を負っている。そこで，部門別や作業種類別（これらをコスト・センターという）に原価を集計し，これと予算（あるいは標準）原価とを比較することによって差異が把握され，これをもとに業績評価が行われる。

したがって，製造部門の業績が，補助部門費配賦後の金額によって評価されるような場合には，補助部門費がどのような配賦基準で，いくら製造部門に配賦されるかが製造部門の業績評価に大きな影響をもたらすことになるのである。

そこで，責任会計上望ましい補助部門費の配賦方法について考える。

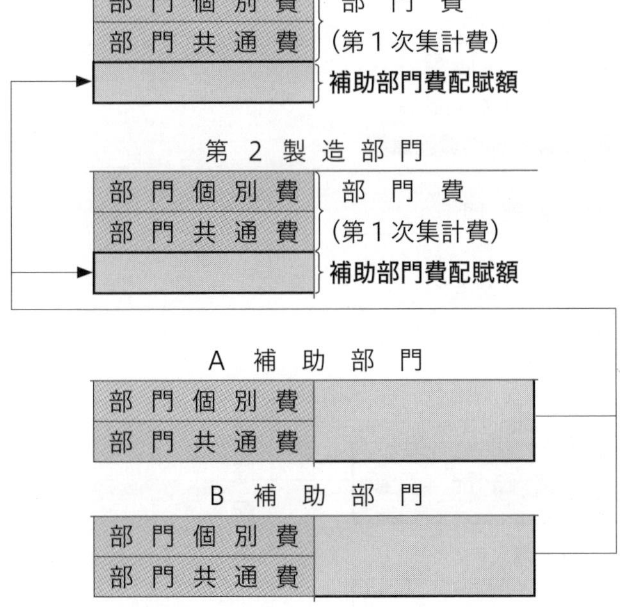

補助部門費の製造部門への配賦方法

単一基準 ― 実際配賦
複数基準 ― 予定配賦

(注) 複数基準配賦法による予定配賦の場合には，補助部門における予算許容額が配賦される。

(1) 補助部門費の実際配賦とその欠点

補助部門費の実際発生額には，補助部門で生じる原価管理活動の良否の影響（＝予算差異）が含まれている。そのため，［設例９－１］や［設例９－２］のように補助部門費の実際発生額を製造部門に対して配賦すると，単一基準配賦法であっても複数基準配賦法であっても，補助部門で生じる予算差異が配賦額のなかに混入してしまい，製造部門の業績を適切に判断できなくなるという欠点がある。

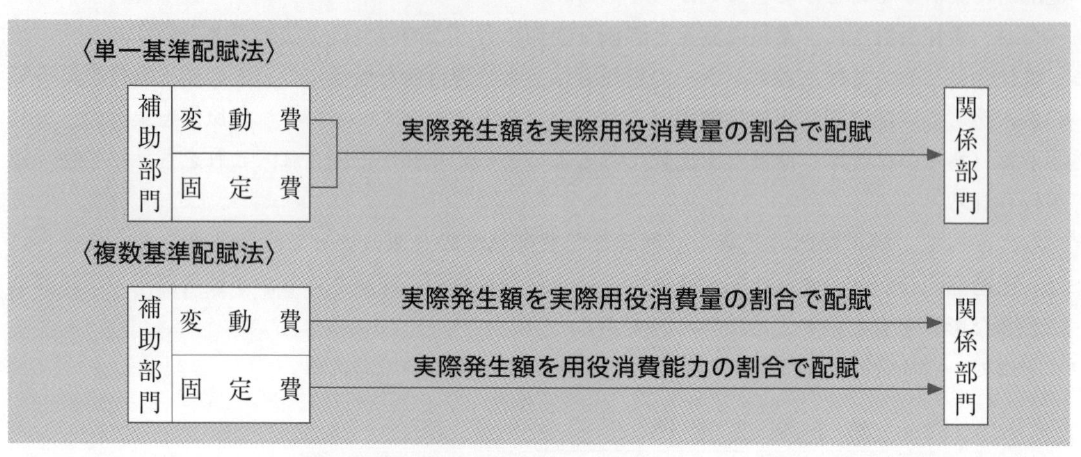

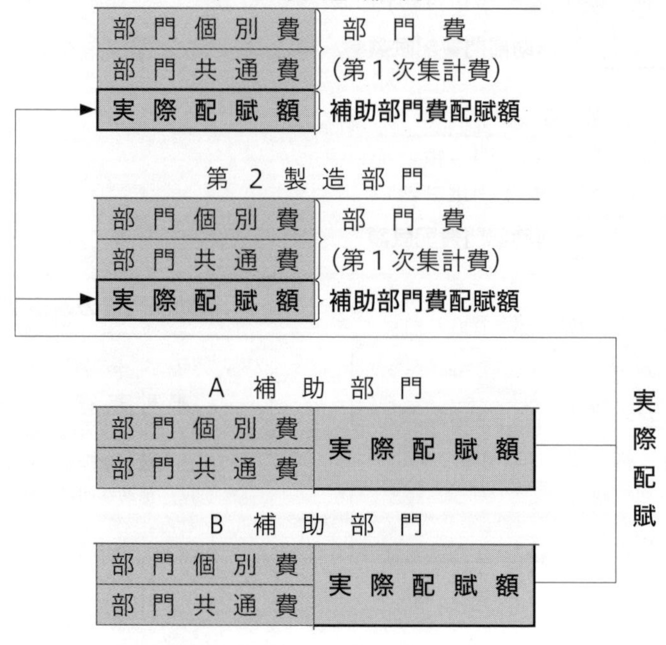

（注）各補助部門において，配賦差異は生じない。

補助部門費を実際配賦する場合の欠点を克服するには，補助部門費を製造部門に配賦する際，予定配賦を行えばよい。

(2) 単一基準配賦法による予定配賦

単一基準配賦法による予定配賦は，補助部門費の予算額を補助部門の基準操業度で除して予定配賦率を算定し，これに関係部門の実際用役消費量を乗じた予定配賦額を関係部門へと配賦する。

この配賦方法によると，補助部門の勘定に配賦差異が残り，補助部門の原価管理活動の良否の影響（＝予算差異）は，関係部門への配賦額のなかに混入することなく配賦できるという利点がある。

しかし，次のような欠点がある。

① 補助部門の管理者にとって管理不能な操業度差異までも，補助部門勘定に配賦差異として残ってしまう。補助部門の（正常な）固定費は製造部門が負担すべきである。
② 単一基準で配賦することにより，変動費と固定費の性質の違いに応じた配賦計算が行われない。

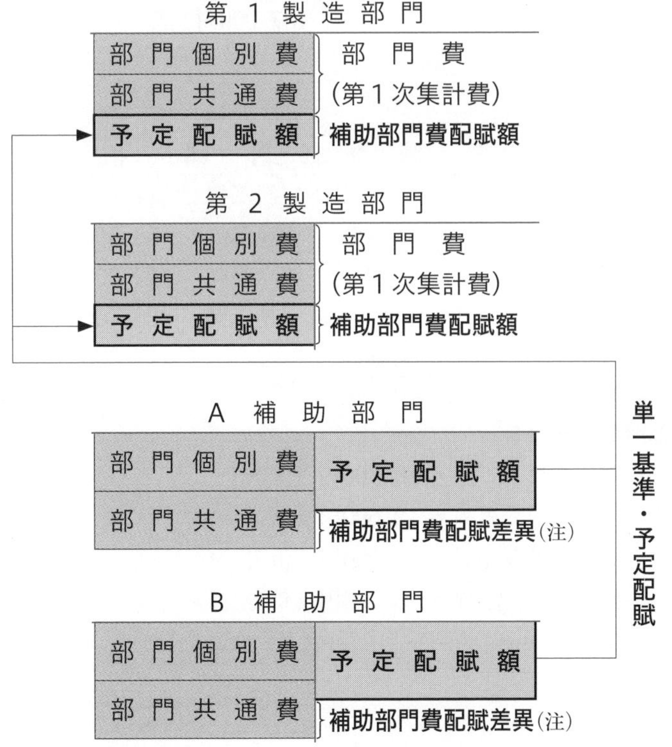

（注）各補助部門において，予算差異と操業度差異が把握される。

設例 9-3

当社の動力部門は，その製造部門である切削部門と組立部門に動力を供給している。そこで，次に示す当月の資料にもとづき，直接配賦法と単一基準配賦法により動力部門費の予定配賦を行いなさい。また，動力部門の差異分析をしなさい。

（資　料）

1．製造部門の動力消費量（単位：キロワットアワー，以下 kwh と表示する）

	切削部門	組立部門	合　計
(1) 月間消費能力	800	450	1, 250
(2) 月間予想総消費量	600	400	1, 000
(3) 当月の実際消費量	500	400	900

（注）月間消費能力 1, 250kwhおよび月間予想総消費量 1, 000kwhは，年間消費能力および当年度の年間予想総消費量にもとづき設定されている。

2．動力部門月次変動予算および当月実績データ

	月次変動予算	当 月 実 績
動力月間供給量：	1, 000kwh	900kwh
動力部門費：		
変　動　費	46, 000円	54, 000円
固　定　費	61, 000円	63, 000円
合　　計	107, 000円	117, 000円

【解　答】

動　力　部　門　（単位：円）

実際発生額		予定配賦額	
変 動 費	54, 000	切削部門	53, 500
固 定 費	63, 000	組立部門	42, 800
		総　差　異	20, 700
	117, 000		117, 000

動力部門の差異分析

総　　差　　異　　= 20, 700円〔借方〕

内訳：変動費予算差異 = 12, 600円〔借方〕

　　　固定費予算差異 = 2, 000円〔借方〕

　　　操 業 度 差 異 = 6, 100円〔借方〕

【解　説】

動力部門費を予定配賦するために，まず動力部門費予算額と動力予想総消費量より動力部門費の予定配賦率を算定する。

動力部門費の予定配賦率：$\dfrac{107,000円}{1,000\text{kwh}}$＝@107円

次に，単一基準配賦法により動力部門費を予定配賦するため，上記予定配賦率に製造部門の実際用役消費量を乗じて予定配賦額を算定する。

動力部門費（予定）配賦額：@107円×500kwh＝53,500円（切削部門へ）
〃　×400kwh＝42,800円（組立部門へ）
合　計　96,300円

動力部門の差異分析は次のとおりである。

総　　差　　異：@107円×900kwh－(54,000円＋63,000円)＝(−)20,700円〔借方〕
変動費予算差異：@46円×900kwh－54,000円＝(−)12,600円〔借方〕
固定費予算差異：61,000円－63,000円＝(−)2,000円〔借方〕
操 業 度 差 異：@61円×(900kwh－1,000kwh)＝(−)6,100円〔借方〕

差異分析図は次のようになる。

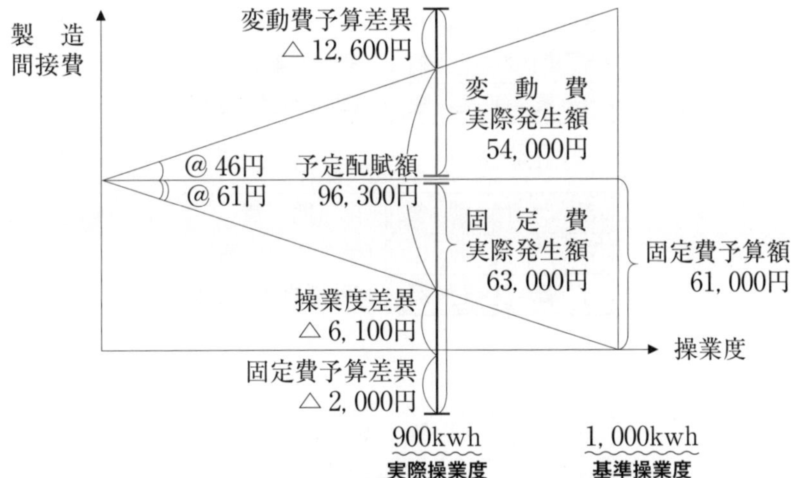

単一基準・予定配賦により動力部門費を配賦した場合，予定配賦額が製造部門に配賦されるため，動力部門の予算差異は製造部門に配賦されることはなくなるという利点がある。

しかしながら，同時に動力部門にとって管理不能な操業度差異までも動力部門勘定に残ってしまう（操業度差異は製造部門の実際用役消費量が予定どおりでなかったために生じる差異であり，製造部門に責任のある差異であるため，製造部門が負担するのが望ましい)。

また，単一基準で配賦することにより原価発生の性質に応じた配賦計算が行われないという欠点がある。

(3) 複数基準配賦法による予定配賦（予算許容額配賦）

複数基準配賦法による予定配賦は，補助部門費の変動費は予定配賦率に関係部門の実際用役消費量を乗じて予定配賦し，固定費は予算額を関係部門の用役消費能力の割合で関係部門へと配賦する。このように，補助部門の予算許容額を関係部門に配賦するため，予算許容額配賦ともいう。

この配賦方法によれば，補助部門の原価管理活動の良否の影響（予算差異）が配賦額のなかに混入することなく配賦でき，また，固定費予算額をすべて配賦するため補助部門に操業度差異が残らないという利点がある。さらに，複数基準配賦法を用いて配賦することにより，原価発生の性質に応じた配賦計算が行われることにもなる。

したがって，この方法が責任会計上望ましい補助部門費の配賦方法といえる。

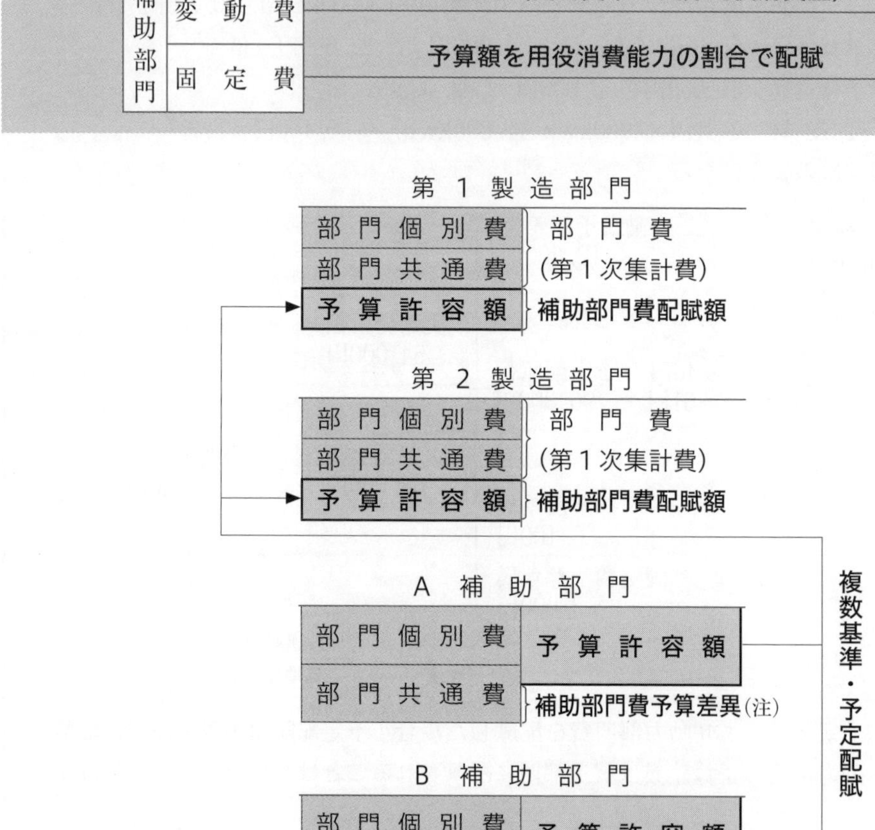

（注）各補助部門において，予算差異のみが把握される。

設例 9-4

当社の動力部門は，その製造部門である切削部門と組立部門に動力を供給している。そこで，次に示す当月の資料にもとづき，直接配賦法と複数基準配賦法により動力部門費の予定配賦を行いなさい。この場合，動力部門の変動費は予定配賦し，固定費は予算額を配賦する。また，動力部門の差異分析をしなさい。

（資　料）

1．製造部門の動力消費量（単位：キロワットアワー，以下 kwh と表示する）

	切削部門	組立部門	合　計
(1) 月間消費能力	800	450	1,250
(2) 月間予想総消費量	600	400	1,000
(3) 当月の実際消費量	500	400	900

（注）月間消費能力 1,250kwh および月間予想総消費量 1,000kwh は，年間消費能力および当年度の年間予想総消費量にもとづき設定されている。

2．動力部門月次変動予算および当月実績データ

	月次変動予算	当 月 実 績
動力月間供給量：	1,000kwh	900kwh
動力部門費：		
変　動　費	46,000円	54,000円
固　定　費	61,000円	63,000円
合　計	107,000円	117,000円

【解　答】

動　力　部　門　（単位：円）

実際発生額		予算許容額	
変動費	54,000	切削部門	62,040
固定費	63,000	組立部門	40,360
		総差異	14,600
	117,000		117,000

動力部門の差異分析

総　差　異 ＝ 14,600円〔借方〕

内訳：変動費予算差異＝ 12,600円〔借方〕

固定費予算差異＝ 2,000円〔借方〕

操業度差異＝ —— 円〔 — 〕

【解　説】

動力部門費の変動費は予定配賦するため，まず動力部門の変動費予算額と動力予想総消費量より動力部門変動費の予定配賦率を算定する。

$$動力部門変動費の予定配賦率：\frac{46,000円}{1,000kwh}＝@46円$$

次に，複数基準配賦法で動力部門費を予定配賦するため，変動費については上記予定配賦率に製造部門の実際用役消費量を乗じて配賦し，固定費については予算額を用役消費能力の割合で配賦する。

動力部門費配賦額：変動費；@46円 × 500kwh ＝ 23,000円（切削部門へ）

〃 × 400kwh ＝ 18,400円（組立部門へ）

固定費；$61,000円 \times \frac{800kwh}{1,250kwh}$ ＝ 39,040円（切削部門へ）

〃 $\times \frac{450kwh}{1,250kwh}$ ＝ 21,960円（組立部門へ）

合　計　102,400円

したがって，切削部門への配賦額は62,040円（＝23,000円＋39,040円），組立部門への配賦額は40,360円（＝18,400円＋21,960円）となる。

動力部門の差異分析は次のとおりである。

総　　差　　異：@46円×900kwh＋61,000円－(54,000円＋63,000円)＝(−)14,600円〔借方〕

変動費予算差異：@46円×900kwh－54,000円＝(−)12,600円〔借方〕

固定費予算差異：61,000円－63,000円＝(−)2,000円〔借方〕

操 業 度 差 異：――（補助部門の固定費は予算額を配賦しているため算出されない。）

差異分析図を示すと次のようになる。

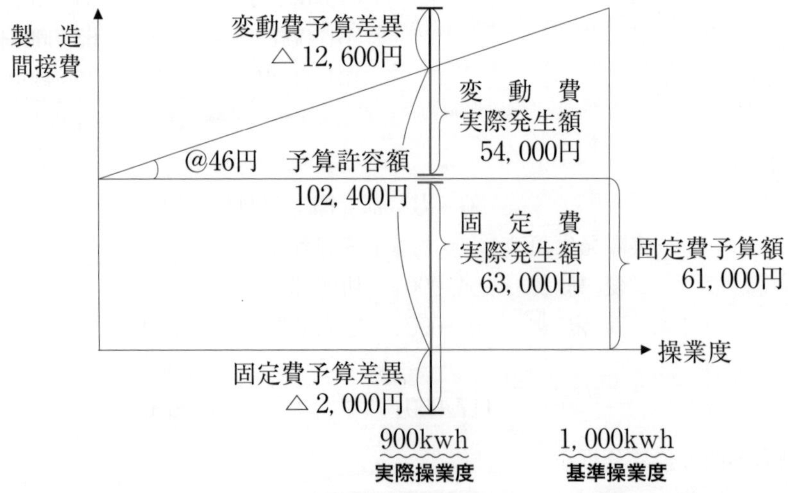

複数基準・予定配賦により動力部門費を配賦した場合，予算許容額を製造部門に配賦することにより動力部門の予算差異が製造部門に配賦されることはなくなり，また，動力部門固定費予算額をすべて製造部門に配賦するため，動力部門勘定に操業度差異が残らないという利点がある。

さらに，複数基準で配賦することにより原価発生の性質に応じた配賦計算が行われることにもなる。

3 部門別製造間接費の予定配賦

1. 製造部門費の製品への配賦とその手続き

第２次集計により製造部門に集計された製造間接費（＝製造部門費）は，各製造指図書の製品に対して配賦される。製造部門費の配賦は原則として予定配賦により行われ，製造部門費配賦差異が各製造部門において算出される。

なお，製造部門費の予定配賦率は，製造部門別に製造間接費予算額を集計したのち，この予算額を各製造部門ごとの基準操業度で除することにより算定する。

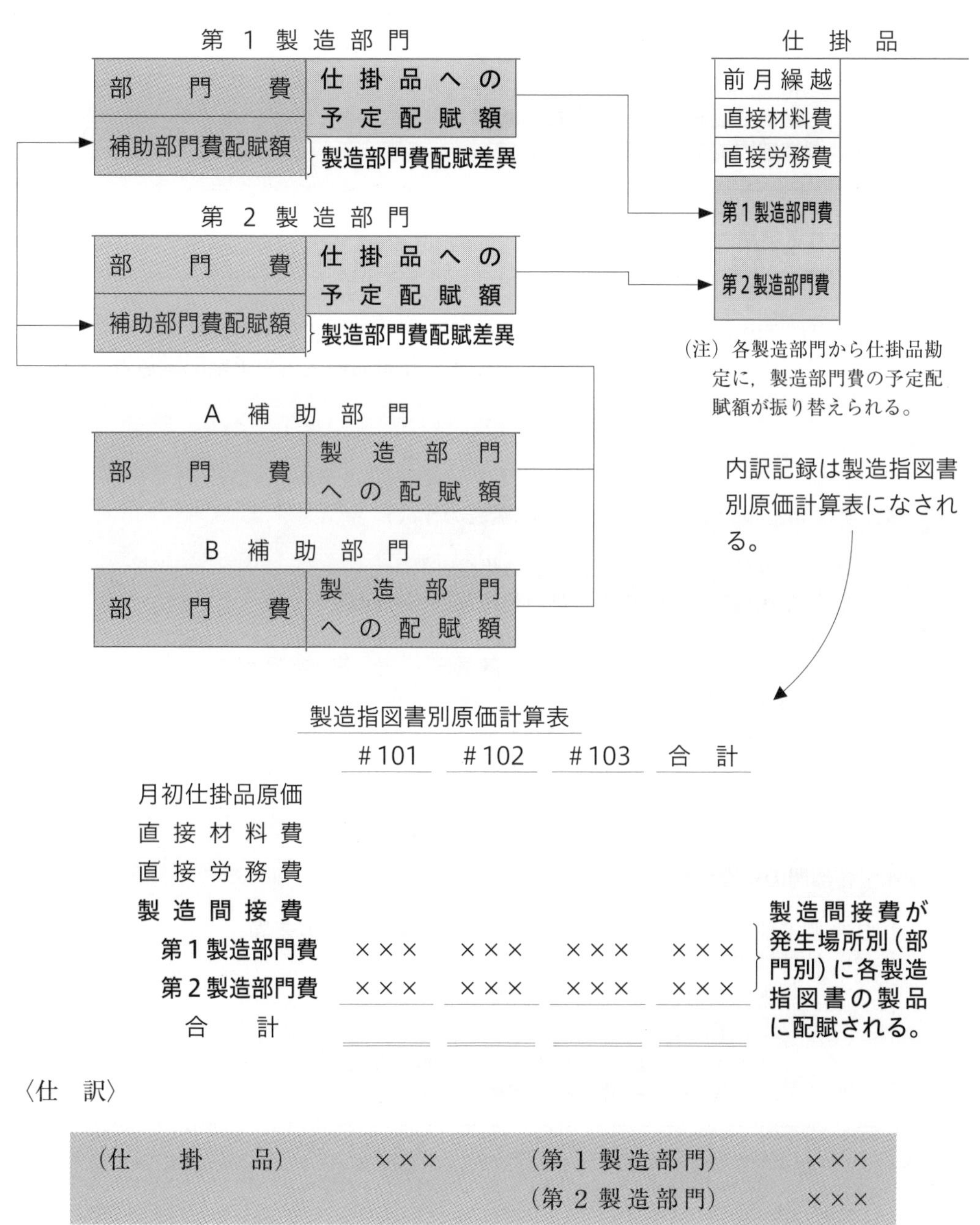

製造指図書別原価計算表

	#101	#102	#103	合計
月初仕掛品原価				
直接材料費				
直接労務費				
製造間接費				
第１製造部門費	×××	×××	×××	×××
第２製造部門費	×××	×××	×××	×××
合計				

製造間接費が発生場所別（部門別）に各製造指図書の製品に配賦される。

〈仕　訳〉

（仕　掛　品）	×××	（第１製造部門）	×××
		（第２製造部門）	×××

2. 部門別計算のまとめ

製造部門費の製品への配賦手続も含めて，部門別計算全体の計算手続をまとめると次のようになる。

〈期首における手続き〉

1．部門別予定配賦率の算定（予算部門費配賦表の作成）

(1) 第1次集計 … 部門費予算額の集計
(2) 第2次集計 … 補助部門費予算額の製造部門への配賦
第2次集計は以下のような組み合わせがある。

直接配賦法	単一基準
相互配賦法	
階梯式配賦法	複数基準

(3) 製造部門費の予定配賦率の算定

〈毎月行われる手続き〉

2．部門別予定配賦額の算定

製造部門費の予定配賦額＝部門別予定配賦率×(各製造部門の)実際操業度

これにより，製造部門勘定の貸方記入（仕掛品勘定への予定配賦額の記入）ができる。

3．実際発生額の集計（実際部門費配賦表の作成）

(1) 第1次集計 … 部門費実際額の集計
(2) 第2次集計 … 補助部門費の製造部門への配賦
第2次集計は以下のような組み合わせがある。

直接配賦法	単一基準	実際配賦
相互配賦法		
階梯式配賦法	複数基準	予定配賦

これにより，補助部門勘定の記入および製造部門勘定の借方記入ができる。

4．各部門の差異分析

(1) 製造部門（原則：予定配賦）→ **予算差異＋操業度差異**
(2) 補助部門
a．実際配賦のとき → **差異なし**
b．予定配賦のとき
・単一基準 → **予算差異＋操業度差異**
・複数基準 → **予算差異のみ**

設例 9-5

当工場では，実際部門別個別原価計算を採用しており，補助部門費の配賦には複数基準配賦法を使用している。次の資料にもとづき，予算部門費配賦表および実際部門費配賦表を作成したうえで，製造間接費関係諸勘定の記入を完成し，あわせて各部門の差異分析を行いなさい。

（資　料）

1．当年度の月次予算データ（公式法変動予算）

	合　計	製造部門		補助部門
		切削部門	組立部門	動力部門
1次集計費予算				
変動費（円）	400,000	192,400	161,600	46,000
固定費（円）	600,000	290,960	248,040	61,000
合　計	1,000,000	483,360	409,640	107,000
正常直接作業時間	2,000時間	2,000時間	——	——
正常機械作業時間	1,500時間	——	1,500時間	——
動力消費能力	1,250kwh	800kwh	450kwh	——
正常動力消費量	1,000kwh	600kwh	400kwh	——

上記の表において，補助部門の変動費は，変動費率に正常用役消費量を掛けて，また固定費は，用役消費能力の割合を基準にして関係部門に配賦する。かくして両製造部門に集計された製造間接費予算にもとづき，切削部門では直接作業時間，組立部門では機械作業時間を基準にして予定配賦率が計算される。

2．当月の実績データ

	合　計	製造部門		補助部門
		切削部門	組立部門	動力部門
実際1次集計費				
変動費（円）	431,600	207,000	170,600	54,000
固定費（円）	635,000	315,960	256,040	63,000
合　計	1,066,600	522,960	426,640	117,000
実際直接作業時間	1,980時間	1,980時間	——	——
実際機械作業時間	1,470時間	——	1,470時間	——
実際動力消費量	900kwh	500kwh	400kwh	——

補助部門費の配賦は，変動費については，予定配賦率に関係部門の実際用役消費量を掛けて配賦する。固定費については，実際額でなく予算額を，その補助部門用役を消費する関係部門の用役消費能力の割合で配賦する。

【解　答】

1．部門費配賦表の作成

予算部門費配賦表　　（単位：円）

摘　　要	製造部門				補助部門	
	切削部門		組立部門		動力部門	
	変動費	固定費	変動費	固定費	変動費	固定費
部　門　費	192, 400	290, 960	161, 600	248, 040	46, 000	61, 000
動力部門費	27, 600	39, 040	18, 400	21, 960		
製造部門費	220, 000	330, 000	180, 000	270, 000		

実際部門費配賦表　　（単位：円）

摘　　要	製造部門				補助部門	
	切削部門		組立部門		動力部門	
	変動費	固定費	変動費	固定費	変動費	固定費
部　門　費	207, 000	315, 960	170, 600	256, 040	54, 000	63, 000
動力部門費	23, 000	39, 040	18, 400	21, 960		
製造部門費	230, 000	355, 000	189, 000	278, 000		

2．勘定記入と差異分析

切　削　部　門　　（単位：円）

借方		貸方	
実際1次集計費	522, 960	仕掛品への予定配賦額	544, 500
動力部門費配賦額	62, 040	総　差　異	40, 500
	585, 000		585, 000

「切削部門」勘定の総差異の分析

総　差　異　＝40, 500円〔借方〕

内訳：変動費予算差異＝12, 200円〔借方〕

固定費予算差異＝25, 000円〔借方〕

操業度差異＝　3, 300円〔借方〕

組　立　部　門　　（単位：円）

借方		貸方	
実際1次集計費	426, 640	仕掛品への予定配賦額	441, 000
動力部門費配賦額	40, 360	総　差　異	26, 000
	467, 000		467, 000

「組立部門」勘定の総差異の分析

総　差　異　＝26, 000円〔借方〕

内訳：変動費予算差異＝12, 600円〔借方〕

固定費予算差異＝　8, 000円〔借方〕

操業度差異＝　5, 400円〔借方〕

動　力　部　門　　（単位：円）

借方		貸方	
実際1次集計費	117, 000	切削部門への配賦額	62, 040
		組立部門への配賦額	40, 360
		総　差　異	14, 600
	117, 000		117, 000

「動力部門」勘定の総差異の分析

総　差　異　＝14, 600円〔借方〕

内訳：変動費予算差異＝12, 600円〔借方〕

固定費予算差異＝　2, 000円〔借方〕

操業度差異＝　—　円〔—〕

【解　説】

本設例は，製造間接費の部門別計算に関する一連の流れを問うている。

1．製造部門の予定配賦率の算定

まず，予算部門費配賦表を複数基準配賦法により作成し，集計された製造部門費予算にもとづいて，製造部門別の予定配賦率を算定する。この際，補助部門の変動費は，変動費率に正常用役消費量を乗じて，また固定費は，予算額を用役消費能力の割合で配賦する。

予算部門費配賦表　　　　（単位：円）

摘　要	製造部門				補助部門	
	切削部門		組立部門		動力部門	
	変動費	固定費	変動費	固定費	変動費	固定費
部門費	192, 400	290, 960	161, 600	248, 040	46, 000	61, 000
(＊1)動力部門費	27, 600	39, 040	18, 400	21, 960		
製造部門費	220, 000	330, 000	180, 000	270, 000		
基準操業度	2, 000時間		1, 500時間			
予定配賦率	@110円	@165円	@120円	@180円		
	(＊2)@275円		(＊3)@300円			

（＊1）動力部門費配賦額

変動費：動力部門の変動費率×両製造部門の正常動力消費量

（予定）変動費率：$\frac{46,000円}{1,000kwh〈正常動力消費量〉}$＝46円/kwh

切削部門への配賦額：@46円×600kwh＝27, 600円

組立部門への配賦額：@46円×400kwh＝18, 400円

固定費：動力部門の固定費予算額を両製造部門の用役消費能力の割合で配賦する。

切削部門への配賦額：61, 000円×$\frac{800kwh}{800kwh+450kwh}$＝39, 040円

組立部門への配賦額：　〃　×$\frac{450kwh}{800kwh+450kwh}$＝21, 960円

（＊2）切削部門費予定配賦率：$\frac{220,000円+330,000円}{2,000時間}$＝275円/時間

（＊3）組立部門費予定配賦率：$\frac{180,000円+270,000円}{1,500時間}$＝300円/時間

2．製造間接費の部門別予定配賦額の算定

当月の実績データが判明すれば，部門別予定配賦率に両製造部門の実際操業度を乗じて，製造間接費を仕掛品勘定へ配賦する。なお，ここで算定された予定配賦額が両製造部門勘定の貸方に記入される。

切削部門費予定配賦額：@275円×1, 980時間＝544, 500円（仕掛品勘定へ）

組立部門費予定配賦額：@300円×1, 470時間＝441, 000円（仕掛品勘定へ）

3．実際発生額の集計

次いで，実際部門費配賦表を作成し，製造部門費の実際発生額を集計する。なお，本設例における補助部門費の配賦は，変動費は変動費率に実際用役消費量を乗じて配賦し，また固定費は予算額を用役消費能力の割合で配賦する（＝予算許容額配賦）。

この計算により，両製造部門勘定の借方記入と補助部門勘定の記入が行われる。

実際部門費配賦表　（単位：円）

摘要	製造部門				補助部門	
	切削部門		組立部門		動力部門	
	変動費	固定費	変動費	固定費	変動費	固定費
部門費	207,000	315,960	170,600	256,040	54,000	63,000
(*)動力部門費	23,000	39,040	18,400	21,960		
製造部門費	230,000	355,000	189,000	278,000		

（＊）動力部門費配賦額

変動費：変動費率46円/kwh×（両製造部門の）実際動力消費量

固定費：予算額を両製造部門の用役消費能力の割合で配賦する。したがって，予算部門費配賦表と同じ配賦計算になる。

なお，動力部門費に関する計算は［設例９－４］と同一の内容である。［設例９－４］の計算が，部門別計算全体の計算手続のどの位置にあるのかをしっかり確認してほしい。

4．各部門の差異分析

最後に各部門の差異分析を行う。

切削部門の差異分析

総　差　異：@275円×1,980時間－(230,000円＋355,000円)＝(－)40,500円〔借方〕

変動費予算差異：@110円×1,980時間－230,000円＝(－)12,200円〔借方〕

固定費予算差異：330,000円－355,000円＝(－)25,000円〔借方〕

操業度差異：@165円×(1,980時間－2,000時間)＝(－)3,300円〔借方〕

組立部門の差異分析

総　差　異：@300円×1,470時間－(189,000円＋278,000円)＝(－)26,000円〔借方〕

変動費予算差異：@120円×1,470時間－189,000円＝(－)12,600円〔借方〕

固定費予算差異：270,000円－278,000円＝(－)8,000円〔借方〕

操業度差異：@180円×(1,470時間－1,500時間)＝(－)5,400円〔借方〕

動力部門の差異分析

総　差　異：@46円×900kwh＋61,000円－(54,000円＋63,000円)＝(－)14,600円〔借方〕

変動費予算差異：@46円×900kwh－54,000円＝(－)12,600円〔借方〕

固定費予算差異：61,000円－63,000円＝(－)2,000円〔借方〕

操業度差異：――（補助部門の固定費は予算額を配賦しているため算出されない）

各部門の差異分析図は次のようになる。

［切削部門］

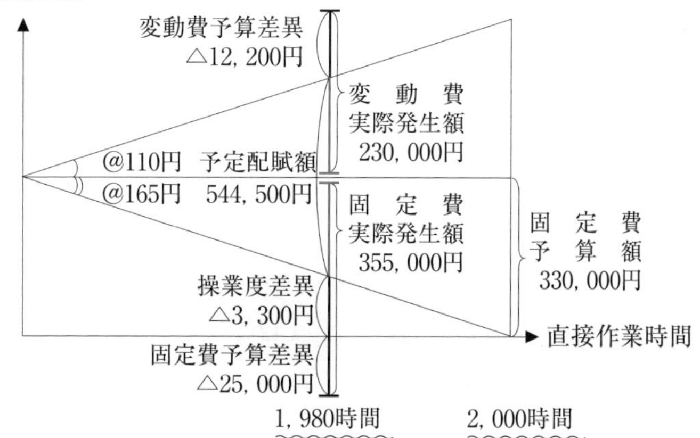

［組立部門］

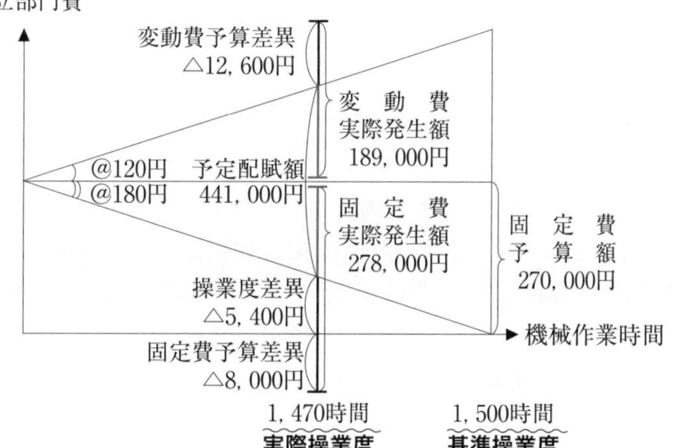

［動力部門］

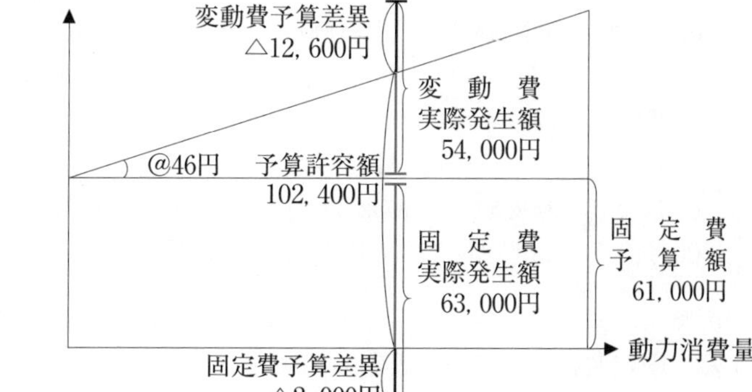

設例 9-6

当工場では，実際部門別個別原価計算を採用しており，補助部門費の配賦には階梯式配賦法と複数基準配賦法を使用している。次の資料にもとづき，製造間接費関係諸勘定の記入を完成し，各部門の差異分析をしなさい。

（資　料）

1．当年度の月次予算データ（公式法変動予算）

	合　計	製造部門		補助部門		
		切削部門	組立部門	動力部門	修繕部門	事務部門
1次集計費予算						
変動費（円）	400,000	155,000	129,000	46,000	70,000	——
固定費（円）	600,000	197,000	176,000	61,000	66,000	100,000
合　計	1,000,000	352,000	305,000	107,000	136,000	100,000
正常直接作業時間	2,000時間	2,000時間	——	——	——	——
正常機械作業時間	1,500時間	——	1,500時間	——	——	——
動力消費能力	1,400kwh	800kwh	450kwh	——	150kwh	——
正常動力消費量	1,120kwh	600kwh	400kwh	——	120kwh	——
修繕能力	800時間	320時間	280時間	200時間	——	——
正常修繕時間	700時間	290時間	270時間	140時間	——	——
従業員数	210人	90人	70人	20人	20人	10人

上記の表において，補助部門の変動費は，変動費率に正常用役消費量を掛けて，また固定費は，用役消費能力の割合を基準にして関係部門に配賦する。かくして両製造部門に集計された製造間接費予算にもとづき，切削部門では直接作業時間，組立部門では機械作業時間を基準にして予定配賦率が計算される。

2．当月の実績データ（従業員数に変化はない）

	合　計	製造部門		補助部門		
		切削部門	組立部門	動力部門	修繕部門	事務部門
実際1次集計費						
変動費（円）	453,000	180,000	145,000	54,000	74,000	——
固定費（円）	647,000	222,000	184,000	63,000	70,000	108,000
合　計	1,100,000	402,000	329,000	117,000	144,000	108,000
実際直接作業時間	1,980時間	1,980時間	——	——	——	——
実際機械作業時間	1,470時間	——	1,470時間	——	——	——
実際動力消費量	1,000kwh	500kwh	400kwh	——	100kwh	——
実際修繕時間	500時間	200時間	200時間	100時間	——	——

補助部門費の配賦は，変動費については，予定配賦率に関係部門の実際用役消費量を掛けて配賦する。固定費については，実際額でなく予算額を，その補助部門用役を消費する関係部門の用役消費能力の割合で配賦する。

【解　答】

切　削　部　門			(単位：円)
実際１次集計費	402,000	仕掛品への予定配賦額	544,500
事務部門費配賦額	45,000	総　差　異	40,500
修繕部門費配賦額	50,400		
動力部門費配賦額	87,600		
	585,000		585,000

「切削部門」勘定の総差異の分析

総　差　異　　＝40,500円〔借方〕

内訳：変動費予算差異＝12,200円〔借方〕

固定費予算差異＝25,000円〔借方〕

操業度差異＝ 3,300円〔借方〕

組　立　部　門			(単位：円)
実際１次集計費	329,000	仕掛品への予定配賦額	441,000
事務部門費配賦額	35,000	総　差　異	26,000
修繕部門費配賦額	46,600		
動力部門費配賦額	56,400		
	467,000		467,000

「組立部門」勘定の総差異の分析

総　差　異　　＝26,000円〔借方〕

内訳：変動費予算差異＝12,600円〔借方〕

固定費予算差異＝ 8,000円〔借方〕

操業度差異＝ 5,400円〔借方〕

動　力　部　門			(単位：円)
実際１次集計費	117,000	切削部門への配賦額	87,600
事務部門費配賦額	10,000	組立部門への配賦額	56,400
修繕部門費配賦額	29,000	総　差　異	12,000
	156,000		156,000

「動力部門」勘定の総差異の分析

総　差　異　　＝12,000円〔借方〕

内訳：変動費予算差異＝10,000円〔借方〕

固定費予算差異＝ 2,000円〔借方〕

操業度差異＝ — 円〔 — 〕

修　繕　部　門			(単位：円)
実際１次集計費	144,000	切削部門への配賦額	50,400
事務部門費配賦額	10,000	組立部門への配賦額	46,600
		動力部門への配賦額	29,000
		総　差　異	28,000
	154,000		154,000

「修繕部門」勘定の総差異の分析

総　差　異　　＝28,000円〔借方〕

内訳：変動費予算差異＝24,000円〔借方〕

固定費予算差異＝ 4,000円〔借方〕

操業度差異＝ — 円〔 — 〕

事　務　部　門			(単位：円)
実際１次集計費	108,000	切削部門への配賦額	45,000
		組立部門への配賦額	35,000
		動力部門への配賦額	10,000
		修繕部門への配賦額	10,000
		総　差　異	8,000
	108,000		108,000

「事務部門」勘定の総差異の分析

総　差　異　　＝ 8,000円〔借方〕

内訳：変動費予算差異＝ — 円〔 — 〕

固定費予算差異＝ 8,000円〔借方〕

操業度差異＝ — 円〔 — 〕

【解　説】

1．製造部門の予定配賦率の算定

まず，予算部門費配賦表を階梯式配賦法と複数基準配賦法により作成し，製造部門費の予定配賦率を算定する。

補助部門間の順位づけは次のとおりである。

	第　1　判　断　基　準	第２判断基準	
動力部門	動力部門→修繕部門（１件）	107,000円	…**第３位**
修繕部門	修繕部門→動力部門（１件）	136,000円	…**第２位**
事務部門	事務部門→動力部門，修繕部門（２件）…**第１位**		

予算部門費配賦表と製造部門費の予定配賦率は次のとおりである。

なお，各補助部門の変動費は，変動費率に正常用役消費量を乗じて，また固定費は，予算額を用役消費能力の割合で配賦する。

予　算　部　門　費　配　賦　表　　　　（単位：円）

摘　　要	製　造　部　門				補　助　部　門				
	切削部門		組立部門		動力部門		修繕部門		事務部門
	変動費	固定費	変動費	固定費	変動費	固定費	変動費	固定費	固定費
部　　門　　費	155,000	197,000	129,000	176,000	46,000	61,000	70,000	66,000	100,000
(＊1)事務部門費	——	45,000	——	35,000	——	10,000	——	10,000	100,000
(＊2)修繕部門費	29,000	30,400	27,000	26,600	14,000	19,000	70,000	76,000	
(＊3)動力部門費	36,000	57,600	24,000	32,400	60,000	90,000			
製造部門費	220,000	330,000	180,000	270,000					
基準操業度	2,000時間		1,500時間						
予定配賦率	@110円	@165円	@120円	@180円					
	（＊4）@275円		（＊5）@300円						

（＊1）事務部門費配賦額

固定費：事務部門固定費予算100,000円を各部門の従業員数（用役消費能力の割合）で配賦する。なお，自部門への配賦は行わない。

（＊2）修繕部門費配賦額

変動費：修繕部門の変動費率に各部門の正常修繕時間を乗じて配賦する。

変動費率；$\frac{70,000円}{700時間}$ ＝100円／時間

固定費：（事務部門からの固定費配賦額を含む）修繕部門固定費予算76,000円（＝66,000円＋10,000円）を各部門の修繕能力の割合で配賦する。

（＊3）動力部門費配賦額

変動費：動力部門の変動費率に両製造部門の正常動力消費量を乗じて配賦する。階梯式配賦法の順位づけにより，修繕部門への配賦は行わない（したがって，両製造部門へのみ配賦する）ため，動力部門の基準操業度には修繕部門の正常動力消費量を含めないことに注意する。

$$変動費率；\frac{46,000円+14,000円}{600kwh+400kwh}=60円/kwh$$

固定費：（事務部門および修繕部門固定費配賦額を含む）動力部門固定費予算90,000円（＝61,000円＋10,000円＋19,000円）を両製造部門の動力消費能力の割合で配賦する。階梯式配賦法の順位づけにより，修繕部門への配賦は行わない（したがって，両製造部門へのみ配賦する）ことに注意する。

（＊4）切削部門費予定配賦率：$\frac{220,000円+330,000円}{2,000時間}=275円/時間$

（＊5）組立部門費予定配賦率：$\frac{180,000円+270,000円}{1,500時間}=300円/時間$

2．部門別予定配賦額の算定

切削部門費予定配賦額：@275円×1,980時間＝544,500円（仕掛品勘定へ）

組立部門費予定配賦額：@300円×1,470時間＝441,000円（仕掛品勘定へ）

3．実際発生額の集計

次いで実際部門費配賦表を作成し，製造部門費の実際発生額を集計する。

なお，各補助部門の変動費は，変動費率に実際用役消費量を乗じて，また固定費は，予算額を用役消費能力の割合で配賦する。

実際部門費配賦表　(単位：円)

摘要	製造部門				補助部門				
	切削部門		組立部門		動力部門		修繕部門		事務部門
	変動費	固定費	変動費	固定費	変動費	固定費	変動費	固定費	固定費
部門費	180,000	222,000	145,000	184,000	54,000	63,000	74,000	70,000	108,000
(＊1)事務部門費	——	45,000	——	35,000	——	10,000	——	10,000	108,000
(＊2)修繕部門費	20,000	30,400	20,000	26,600	10,000	19,000	74,000	80,000	
(＊3)動力部門費	30,000	57,600	24,000	32,400	64,000	92,000			
製造部門費	230,000	355,000	189,000	278,000					

（＊1）事務部門費配賦額

固定費：予算の部門費配賦表と同じ配賦計算になる。

（＊2）修繕部門費配賦額

変動費：変動費率100円/時間×(各部門の)実際修繕時間

固定費：予算の部門費配賦表と同じ配賦計算になる。

（＊3）動力部門費配賦額

変動費：変動費率60円/kwh×(各部門の)実際動力消費量

固定費：予算の部門費配賦表と同じ配賦計算になる。

4．各部門の差異分析

最後に各部門の差異分析を行う。

切削部門の差異分析

総　　差　　異：@275円×1,980時間－(230,000円＋355,000円)＝(－)40,500円〔借方〕

変動費予算差異：@110円×1,980時間－230,000円＝(－)12,200円〔借方〕

固定費予算差異：330,000円－355,000円＝(－)25,000円〔借方〕

操 業 度 差 異：@165円×(1,980時間－2,000時間)＝(－)3,300円〔借方〕

組立部門の差異分析

総　　差　　異：@300円×1,470時間－(189,000円＋278,000円)＝(－)26,000円〔借方〕

変動費予算差異：@120円×1,470時間－189,000円＝(－)12,600円〔借方〕

固定費予算差異：270,000円－278,000円＝(－)8,000円〔借方〕

操 業 度 差 異：@180円×(1,470時間－1,500時間)＝(－)5,400円〔借方〕

動力部門の差異分析

総　　差　　異：@60円×900kwh＋90,000円－(64,000円＋92,000円)＝(－)12,000円〔借方〕

変動費予算差異：@60円×900kwh－64,000円＝(－)10,000円〔借方〕

固定費予算差異：90,000円－92,000円＝(－)2,000円〔借方〕

操 業 度 差 異：――（補助部門の固定費は予算額を配賦しているため算出されない。）

修繕部門の差異分析

総　　差　　異：@100円×500時間＋76,000円－(74,000円＋80,000円)＝(－)28,000円〔借方〕

変動費予算差異：@100円×500時間－74,000円＝(－)24,000円〔借方〕

固定費予算差異：76,000円－80,000円＝(－)4,000円〔借方〕

操 業 度 差 異：――（補助部門の固定費は予算額を配賦しているため算出されない。）

事務部門の差異分析

総　　差　　異：100,000円－108,000円＝(－)8,000円〔借方〕

変動費予算差異：――

固定費予算差異：100,000円－108,000円＝(－)8,000円〔借方〕

操 業 度 差 異：――（補助部門の固定費は予算額を配賦しているため算出されない。）

各部門の差異分析図は次のようになる。

[切削部門]

[組立部門]

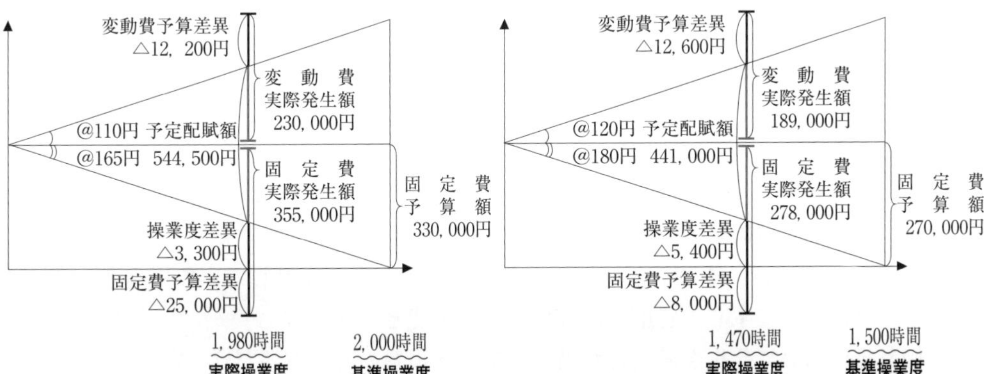

[動力部門]

[修繕部門]

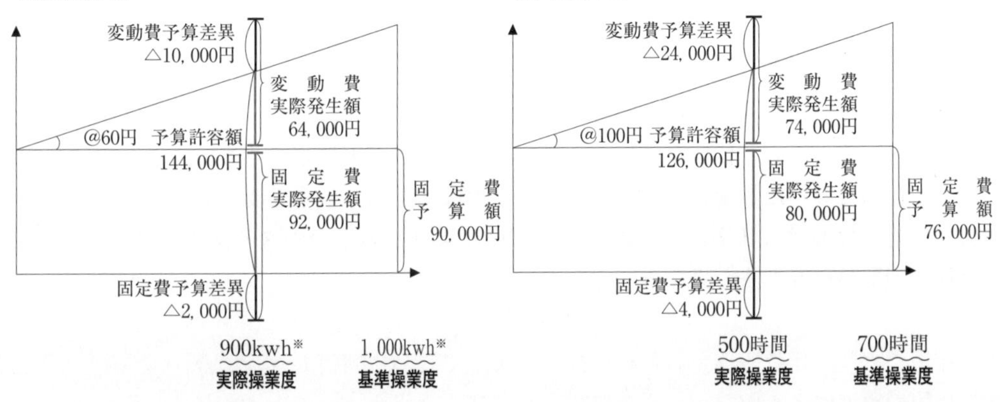

※　動力部門から修繕部門には配賦しないため，操業度には修繕部門に対する用役提供分は含めないことに注意する。

[事務部門]

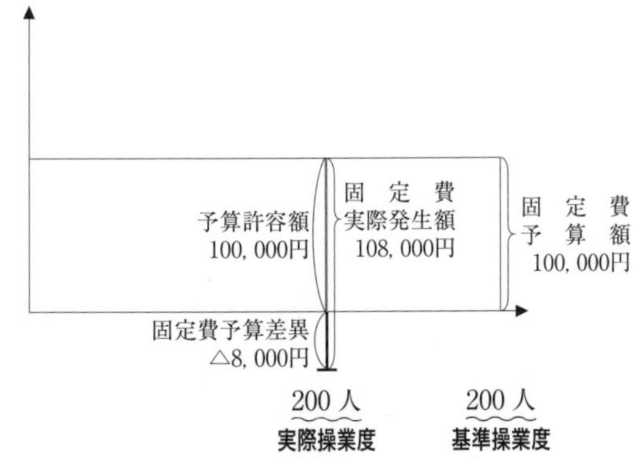

10 個別原価計算における仕損
Theme

ここでは，個別原価計算において，仕損が発生した場合について学習する。

1 仕損とは

仕損とは，何らかの原因によって製品の製造に失敗し，一定の品質や規格を満たさない不合格品が発生することをいい，その不合格品のことを（正常な良品に対して）仕損品（しそんひん）という。また，この仕損の発生によって生じた費用または損失を仕損費（しそんひ）という。

個別原価計算において仕損が発生した場合には，仕損費の計算方法だけでなく，その処理方法にも注意しなければならない。

2 仕損費の計算

個別原価計算を適用する業種は，顧客からの注文に応じて製品の製造を行う受注生産経営であることが多い。そのため，仕損が発生すると良品の生産量が不足してしまい，顧客の注文を履行するには，仕損となった数量分の良品を何らかの手段で手当てする必要がある。

個別原価計算における仕損は，その発生の程度により次の２つのタイプに分けることができ，それぞれ仕損費の計算方法が異なる。

① 仕損の程度が比較的小さいため，補修によって良品に回復できる場合
② 仕損の程度が大きいため，新たに代品を製造する場合

なお，どちらの仕損でも，コストが追加的に発生することには変わりないが，不合格品（仕損品）が残るか残らないかが異なる。また，仕損の発生にともなう追加的なコストを集計するために，新たに製造指図書を発行する場合と発行しない場合とがあり，このテキストでは，主に製造指図書を発行する場合を説明する。

1. 補修によって良品となる場合

仕損が発生し，補修によって良品に回復できる場合は，その補修のために発生した原価を仕損費とする。この仕損費は，補修のための製造指図書（これを補修指図書という）を新たに発行し，この補修指図書に集計する。

仕損費 ＝ 補修指図書に集計された原価

設例 10-1

次の資料にもとづいて，仕損費を計算しなさい。

（資　料）

1．製造指図書＃1の製造中に第1製造部門で仕損が生じたので，補修指図書＃1－1を発行して補修を行った。

2．各製造指図書に集計された原価は次のとおりである（一部省略，単位：円)。

	＃1	＃1－1	……	……	合　計
前月繰越	15, 000	——	……	……	(省　略)
直接材料費	54, 000	10, 000	……	……	(省　略)
直接労務費	72, 000	12, 000	……	……	(省　略)
製造間接費					
第1製造部門	27, 500	5, 500	……	……	(省　略)
第2製造部門	24, 000	——	……	……	(省　略)
計	192, 500	27, 500	……	……	(省　略)

【解　答】

仕 損 費 | 27, 500 | 円

【解　説】

仕損が発生し，補修によって良品に回復できる場合であるため，補修指図書＃1－1に集計された原価を仕損費とする。

2. 新たに代品を製造する場合

仕損の程度が大きく，補修では良品に回復できないため新たに代品を製造する場合には，補修するときとは異なり仕損品は残ったままになる。したがって，仕損品に処分価値（これを仕損品評価額という）があるときは，これを仕損費の計算から控除する。

なお，元の製造指図書に指示された製品の全部が仕損となるか一部が仕損となるかによって，仕損費の計算方法が異なることに注意する。

(1) 元の製造指図書の製品の全部が仕損となった場合

元の製造指図書に指示された製品の全部が仕損となった場合には，元の製造指図書に集計された製造原価を仕損品原価とし，これから仕損品評価額を差し引いた金額を仕損費とする。

仕損費 ＝ 元の製造指図書に集計された原価 － 仕損品評価額

設例 10-2

次の資料にもとづいて，仕損費を計算しなさい。

（資　料）

1．製造指図書＃2の製造中に第2製造部門でその全部が仕損となり，新たに代品製造指図書＃2－1を発行して，代品の製造を行った。なお，仕損品は総額31,000円で処分できる見込みである。

2．各製造指図書に集計された原価は次のとおりである（一部省略，単位：円）。

	……	＃2	＃2－1	……	合　計
前月繰越	……	——	——	……	(省　略)
直接材料費	……	60,000	62,000	……	(省　略)
直接労務費	……	84,000	90,000	……	(省　略)
製造間接費					
第1製造部門	……	33,000	33,000	……	(省　略)
第2製造部門	……	30,000	30,000	……	(省　略)
計	……	207,000	215,000	……	(省　略)

【解　答】

仕 損 費　176,000 円

【解　説】

製造指図書の製品の全部が仕損となり，代品の製造を行った場合であるため，元の製造指図書＃2に集計された原価から仕損品評価額を控除した額を仕損費とする。

仕損費：207,000円－31,000円＝176,000円

⑵ 元の製造指図書の製品の一部が仕損となった場合

元の製造指図書に指示された製品の一部が仕損となった場合には，不合格品に要した製造原価を，元の製造指図書に集計された製造原価から抜き出すのは困難であることが多い。

そのため，代品の製造に要した原価（すなわち代品製造指図書に集計された原価）を便宜上仕損品原価とし，これから仕損品評価額を差し引いた金額を仕損費とする。

仕損費 ＝ 代品製造指図書に集計された原価 － 仕損品評価額

設例 10-3

次の資料にもとづいて，仕損費を計算しなさい。

（資　料）

1．製造指図書＃3の製造中に第2製造部門でその一部が仕損となり，補修により良品に回復できないため，新たに代品製造指図書＃3－1を発行して，代品の製造を行った。なお，仕損品は総額9,000円で処分できる見込みである。

2．各製造指図書に集計された原価は次のとおりである（一部省略，単位：円)。

	……	……	＃3	＃3－1	合　計
前月繰越	……	……	——	——	(省　略)
直接材料費	……	……	40,000	8,000	(省　略)
直接労務費	……	……	54,000	12,000	(省　略)
製造間接費					
第1製造部門	……	……	22,000	5,500	(省　略)
第2製造部門	……	……	18,000	4,500	(省　略)
計	……	……	134,000	30,000	(省　略)

【解　答】

仕 損 費　21,000 円

【解　説】

製造指図書の製品の一部が仕損となり，代品の製造を行った場合であるため，代品製造指図書＃3－1に集計された原価から仕損品評価額を控除した額を仕損費とする。

仕損費：30,000円－9,000円＝21,000円

3. 仕損費の計上

前述の計算によって把握された仕損費と仕損品評価額は，次の仕訳により仕掛品勘定からいったん控除され，仕損費勘定と仕損品勘定へ振り替えられる。

（仕　損　品）	×××	（仕　掛　品）	×××
（仕　損　費）	×××		

なお，［設例10－1～10－3］にもとづいて製造指図書別原価計算表を記入すると，次のようになる（△はマイナス記入）。この記入の結果，仕損費と仕損品評価額を控除した製造指図書の原価合計は0となる。

（単位：円）

	#1	#1－1	#2	#2－1	#3	#3－1	合　計
前月繰越	15,000	——	——	——	——	——	15,000
直接材料費	54,000	10,000	60,000	62,000	40,000	8,000	234,000
直接労務費	72,000	12,000	84,000	90,000	54,000	12,000	324,000
製造間接費							
第1製造部門	27,500	5,500	33,000	33,000	22,000	5,500	126,500
第2製造部門	24,000	——	30,000	30,000	18,000	4,500	106,500
計	192,500	27,500	207,000	215,000	134,000	30,000	806,000
仕損品評価額		——	△31,000			△9,000	
仕　損　費		△27,500	△176,000			△21,000	
合　計		0	0			0	

（仕　損　品）	40,000	（仕　掛　品）	264,500
（仕　損　費）	224,500		

仕　掛　品

前月繰越	15,000		
材　料	234,000	仕損品	40,000
賃金・手当	324,000	仕損費	224,500
第1製造部門	126,500		
第2製造部門	106,500		

仕　損　品

仕掛品	40,000	

仕　損　費

仕掛品	224,500	

研究　その他の仕損費の計算

個別原価計算において仕損が発生した場合の仕損費の計算方法には，次のような方法もある。

(1)　仕損の補修または代品の製造のために別個の指図書を発行しない場合

仕損の補修または代品の製造に要する製造原価を見積って仕損費とする。なお，代品を製造する場合において，仕損品に処分価額（評価額）があれば差し引く。

補修可能な場合 … 仕損費 ＝ 補修に要する製造原価の見積額

代品製造の場合 … 仕損費 ＝ 代品製造に要する製造原価の見積額 － 仕損品評価額

(2)　軽微な場合

仕損費を計算せず，単に仕損品評価額を製造指図書に集計された原価から控除するだけにとどめることもできる。

仕損費 ＝ なし（仕損品評価額のみ製造指図書の原価から控除）

参考　原価計算基準35（一部）：仕損費の計算

個別原価計算において，仕損が発生する場合には，原則として次の手続により仕損費を計算する。

(1)　仕損が補修によって回復でき，補修のために補修指図書を発行する場合には，補修指図書に集計された製造原価を仕損費とする。

(2)　仕損が補修によって回復できず，代品を製作するために新たに製造指図書を発行する場合において

1　旧製造指図書の全部が仕損となったときは，旧製造指図書に集計された製造原価を仕損費とする。

2　旧製造指図書の一部が仕損となったときは，新製造指図書に集計された製造原価を仕損費とする。

(3)　仕損の補修又は代品の製作のために別個の指図書を発行しない場合には，仕損の補修等に要する製造原価を見積ってこれを仕損費とする。

前記(2)又は(3)の場合において，仕損品が売却価値又は利用価値を有する場合には，その見積額を控除した額を仕損費とする。

軽微な仕損については，仕損費を計上しないで，単に仕損品の見積売却価額又は見積利用価額を，当該製造指図書に集計された製造原価から控除するにとどめることができる。

3 仕損費の処理

仕損は，その発生原因や発生数量にもとづいて，正常仕損と異常仕損に分けられる。そこで，仕損費は以下のように処理する。

仕損費の処理
- 正常仕損の場合 … 製品原価に算入
  - 直接経費処理法
  - 間接経費処理法
- 異常仕損の場合 … 非原価処理

1. 正常仕損費の処理

製品を製造するうえで，製造技術上の制約などにより，ある程度の仕損の発生は避けられない場合がある。このように不可避的に生じる仕損のことを正常仕損といい，この仕損にともなって発生する費用を正常仕損費という。正常仕損費は良品を製造するうえで不可欠なコストといえるため，製品の製造原価に算入する。

なお，製品原価への算入方法の違いにより，直接経費処理法と間接経費処理法に分かれる。

(1) 直接経費処理法

特定の製品製造だけに必要となるような特殊加工などを原因として正常仕損が生じた場合には，正常仕損費は，その特定製品の製品原価だけに算入し，他の製品の原価には影響させない。

この場合の正常仕損費は，直接経費として当該仕損に関係のある製造指図書に賦課する。

(仕　掛　品)	×××	(仕　損　費)	×××

(2) 間接経費処理法

製造部門にある製造設備の特性などを原因とし，その設備を利用すればどの製造指図書の製品にも仕損が生じる可能性がある場合，当月は，たまたま特定の製造指図書の製品から仕損が発生しただけであり，正常仕損費は当該製造部門を利用するすべての製品の原価に算入すべきである。そこで，あらかじめ仕損発生部門の製造間接費予算中に正常仕損費の予算額を算入しておき，予定配賦の計算を通じて，すべての製品の原価に正常仕損費を負担させる。

その後，該当する製造指図書で発生した正常仕損費の実際発生額を仕損発生部門の製造間接費の実際発生額に算入するため，以下のように処理する。

(第○製造部門)	×××	(仕　損　費)	×××

補足 間接経費処理法について

前述したように，間接経費処理法において，あらかじめ仕損発生部門の製造間接費予算に正常仕損費の予算額を算入しておく必要があるのは，予定配賦の計算を通じて，仕損発生部門を通過するすべての製品原価に正常仕損費を算入するためである。

この処理法では，**予定配賦率が正常仕損費分だけ割高に計算され，すべての製品への予定配賦額に正常仕損費が含まれることになる。**その後，当月の製造活動により発生した実際の正常仕損費が計算されれば，当該金額を仕損発生部門勘定の借方に振り替える。

その結果，予定配賦額合計（貸方）と実際発生額合計（借方）の両方に正常仕損費が含まれることになり，適切な製造間接費配賦差異を把握することが可能となる。

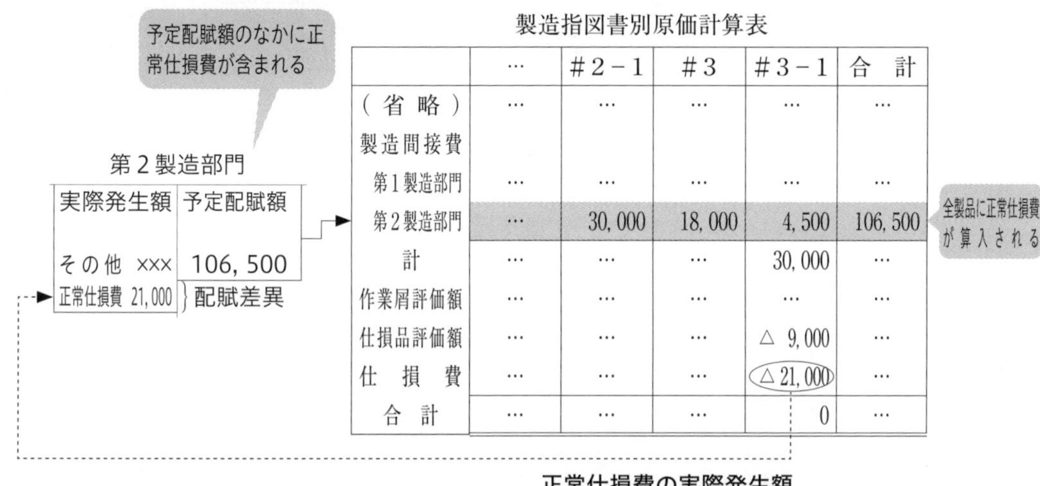

製造指図書別原価計算表

	…	#2－1	#3	#3－1	合　計
（省　略）	…	…	…	…	…
製造間接費					
第１製造部門	…	…	…	…	…
第２製造部門	…	30,000	18,000	4,500	106,500
計	…	…	…	30,000	…
作業屑評価額	…	…	…	…	…
仕損品評価額	…	…	…	△ 9,000	…
仕　損　費	…	…	…	△21,000	…
合　計	…	…	…	0	…

2. 異常仕損費の処理

異常な原因によって発生した仕損費は，非原価項目として処理される。この場合の仕損費は損益勘定に振り替えられ，損益計算書では特別損失または営業外費用に表示される。

個別原価計算において仕損が生じている場合の，仕損費に関する勘定連絡図は次のとおりである。

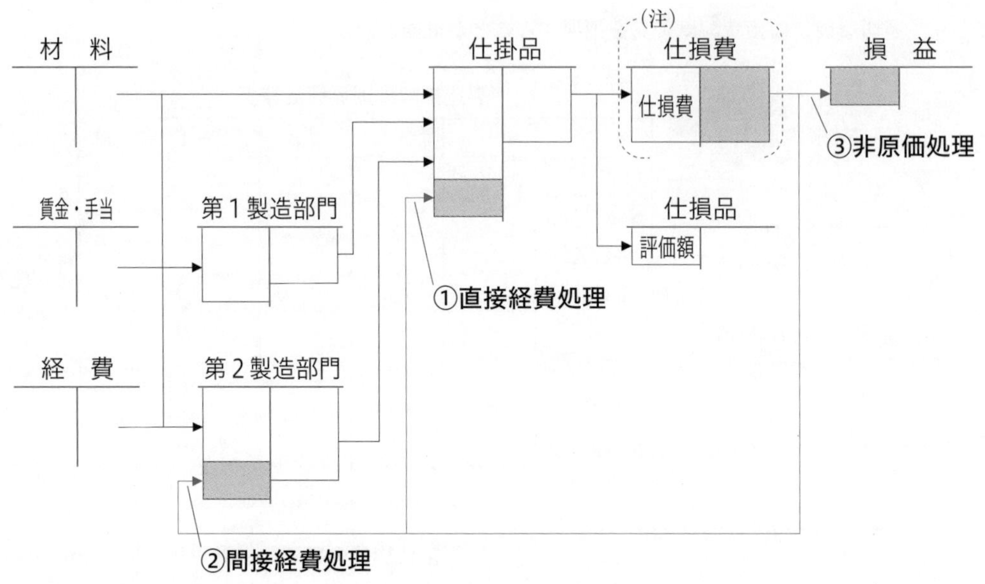

（注）総勘定元帳に「仕損費」勘定を設けていない場合もある。

原価計算基準35（一部）：仕損費の処理

仕損費の処理は，次の方法のいずれかによる。

(1) 仕損費の実際発生額又は見積額を，当該指図書に賦課する。

(2) 仕損費を間接費とし，これを仕損の発生部門に賦課する。この場合，間接費の予定配賦率の計算において，当該製造部門の予定間接費額中に，仕損費の予定額を算入する。

4 作業屑の処理

1. 作業屑とは

作業屑とは，製品の製造中に生じる材料の切り屑や残り屑などのうち価値があるものをいう。ここでいう「価値がある」とは，切り屑や残り屑などになったものを売却したり再利用したりすることができるときの，その売却価値または利用価値をいう。

2. 作業屑の処理

個別原価計算において作業屑が発生した場合は，その売却価値または利用価値（これらを評価額という）を見積り，以下のように処理する。

(1) 作業屑がどの製造指図書の製品製造から発生したかを区別して把握しているときは，評価額をその作業屑が発生した製造指図書の直接材料費または製造原価から差し引く。

(作　業　屑)	×××	(仕　掛　品)	×××

(2) 作業屑がどの製造指図書の製品製造から発生したかを区別して把握していないときは，評価額を発生部門の製造部門費（部門別計算を行っていないときは製造間接費）から控除する。

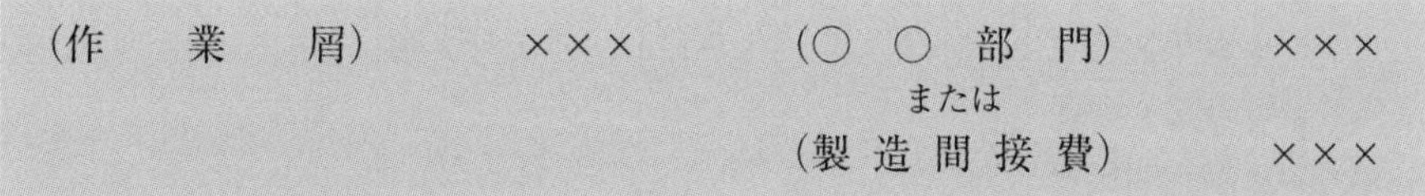

(作　業　屑)	×××	(○ ○ 部 門) または (製 造 間 接 費)	××× ×××

(3) 発生した作業屑がわずかな場合には，評価額を測定せず，後日，売却したときに雑収入（または雑益）とすることができる。

(現 金 な ど)	×××	(雑　収　入)	×××

設例 10-4

次の資料にもとづいて，作業屑の処理に関する仕訳を行いなさい。なお売却時の仕訳は示さなくてよい。

（資　料）

当月の製造作業において第２製造部門での作業中に作業屑25kgが発生した。この作業屑は，１kgあたり50円で売却できると見積られた。

〔問１〕作業屑は，製造指図書＃４の製造中に生じたものであり，その売却価値は材料の価値から生じていると考えられるため，直接材料費から控除する。

〔問２〕作業屑は，製造指図書＃４の製造中に生じたものであるが，その売却価値は加工作業全般より発生していると考えられるため，製造原価合計から控除する。

〔問３〕作業屑は，どの製造指図書から発生したか不明であるため，発生部門の製造間接費より控除する。

〔問４〕発生した作業屑は軽微であったため，原価計算上は無評価とする。

［参考］製造指図書＃４に集計された原価は次のとおりであった（単位：円）。

	……	＃４	……	合　計
前月繰越	……	——	……	（省　略）
直接材料費	……	46,000	……	（省　略）
直接労務費	……	66,000	……	（省　略）
製造間接費				
第１製造部門	……	27,500	……	（省　略）
第２製造部門	……	19,500	……	（省　略）
計	……	159,000	……	（省　略）

【解　答】

〔問１〕作業屑が発生した製造指図書の直接材料費から控除する場合

（作　業　屑）	1,250	（仕　掛　品）	1,250

〔問２〕作業屑が発生した製造指図書の製造原価合計から控除する場合

（作　業　屑）	1,250	（仕　掛　品）	1,250

〔問３〕作業屑発生部門の製造間接費から控除する場合

（作　業　屑）	1,250	（第２製造部門）	1,250

〔問４〕発生した作業屑が軽微であるため無評価とする場合

仕 訳 な し

【解　説】

作業屑評価額：50円/kg×25kg＝1, 250円

〔問１〕と〔問２〕については，いずれも作業屑が発生した製造指図書＃4の製造原価から作業屑の評価額を控除する。

仕　掛　品

直接材料費46, 000	作業屑評価額1, 250
直接労務費66, 000	
第1製造部門27, 500	157, 750
第2製造部門19, 500	

作　業　屑

1, 250	

ただし，原価計算表において〔問１〕は直接材料費から控除し，〔問２〕は製造原価合計から控除する。

それぞれの原価計算表の記入は次のようになる（単位：円）。

〔問１〕直接材料費から控除

	……	＃4	……	合　計
前 月 繰 越	……	——	……	（省略）
直接材料費	……	**44, 750**	……	（省略）
直接労務費	……	66, 000	……	（省略）
製造間接費				
第1製造部門	……	27, 500	……	（省略）
第2製造部門	……	19, 500	……	（省略）
計	……	157, 750	……	（省略）

〔問２〕製造原価合計から控除

	……	＃4	……	合　計
前 月 繰 越	……	——	……	（省略）
直接材料費	……	46, 000	……	（省略）
直接労務費	……	66, 000	……	（省略）
製造間接費				
第1製造部門	……	27, 500	……	（省略）
第2製造部門	……	19, 500	……	（省略）
計	……	159, 000	……	（省略）
作業屑評価額	……	**△1, 250**	……	（省略）
合　計	……	157, 750	……	（省略）

〔問３〕では，作業屑発生部門の製造間接費実際発生額から控除する。

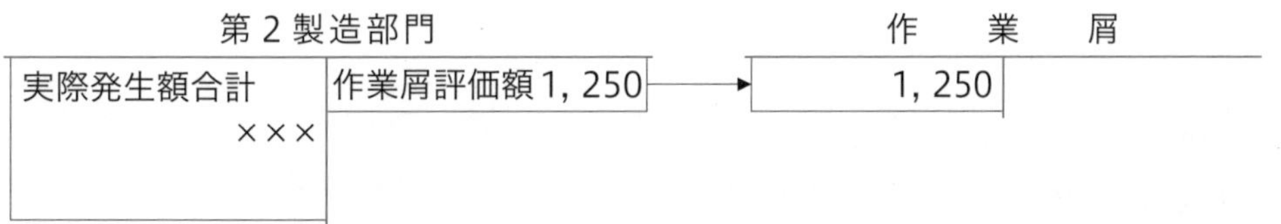

〔問４〕では，作業屑は原価計算上無評価とするため製品原価には影響しない。なお，この作業屑を売却したときは，その売却収入を雑収入（または雑益）として計上する。

原価計算基準36：作業くずの処理

個別原価計算において，作業くずは，これを総合原価計算の場合に準じて評価し，その発生部門の部門費から控除する。ただし，必要ある場合には，これを当該製造指図書の直接材料費又は製造原価から控除することができる。

補足　仕損品，作業屑の評価額

仕損品や作業屑が，売却または自家消費（材料として再利用するなど）ができる場合，その資産価値（＝評価額）を見積り，製造原価から控除する。

簿記検定の問題では，通常，仕損品や作業屑の評価額は問題の資料に数値が与えられるが，次のように算定する。

外部売却	そのまま売却する場合	評価額＝見積売却価額－見積販売費及び一般管理費 または　見積売却価額－見積販売費及び一般管理費－見積利益
	加工してから売却する場合	評価額＝見積売却価額－（見積加工費＋見積販売費及び一般管理費） または　見積売却価額－（見積加工費＋見積販売費及び一般管理費）－見積利益
自家消費	そのまま自家消費する場合	評価額＝（自家消費により）節約されるべき物品の見積購入価額
	加工してから自家消費する場合	評価額＝（自家消費により）節約されるべき物品の見積購入価額－見積加工費

設例 10-5

次の資料にもとづいて，仕損費の計算および処理を行い，原価計算関係諸勘定の記入を行いなさい。

1．製造指図書別原価計算表は次のとおりである。

製造指図書別原価計算表　　（単位：円）

	＃1	＃1－1	＃2	＃2－1	＃3	＃3－1	合　計
前月繰越	15,000	——	——	——	——	——	15,000
直接材料費	54,000	10,000	60,000	62,000	40,000	8,000	234,000
直接労務費	72,000	12,000	84,000	90,000	54,000	12,000	324,000
製造間接費							
第1製造部門	27,500	5,500	33,000	33,000	22,000	5,500	126,500
第2製造部門	24,000	——	30,000	30,000	18,000	4,500	106,500
計	192,500	27,500	207,000	215,000	134,000	30,000	806,000

2．製造指図書＃1の製造中に第1製造部門で仕損が生じたので，補修指図書＃1－1を発行して補修を行った。この仕損は通常起こりうる程度の仕損であるが，＃1の製品に特有の加工作業に起因して発生したものであるため，他の製品の原価に影響させないものとする。

3．製造指図書＃2の製造中に第2製造部門でその全部が仕損となり，新たに代品製造指図書＃2－1を発行して，代品の製造を行った。なお，仕損品は総額31,000円で処分できる見込みである。この仕損は，通常起こりえない作業上の事故により生じたものである。

4．製造指図書＃3の製造中に第2製造部門でその一部が仕損となり，補修により良品に回復できないため，新たに代品製造指図書＃3－1を発行して，代品の製造を行った。なお，仕損品は総額9,000円で処分できる見込みである。この仕損は通常起こりうる程度の仕損であるが，第2製造部門に固有の原因で発生したものであるため，すべての製品の製造原価に影響させるものとする。したがって，第2製造部門の製造間接費予算にはあらかじめ仕損費の予算額が計上されている。

5．当月において，製造指図書＃3の作業中に作業屑50kgが発生した。この作業屑は1kgあたり20円で売却できる見込みであり，評価額は＃3の製造原価合計から控除する。

6．当月末において，＃3は仕掛中であり，他の製造指図書の製品は完成済みである。

【解　答】(単位：円)

仕　掛　品

前月繰越	15,000	製　　品	435,000
材　　料	234,000	作 業 屑	1,000
賃金・手当	324,000	仕 損 品	40,000
第1製造部門	126,500	仕 損 費	224,500
第2製造部門	106,500	次月繰越	133,000
仕 損 費	27,500		
	833,500		833,500

仕　損　費

仕 掛 品	224,500	仕 掛 品	27,500
		損　　益	176,000
		第2製造部門	21,000
	224,500		224,500

【解　説】

1．作業屑の処理

作業屑の処理は，仕損費の計算に先立って行う。なぜなら，作業屑の評価額が仕損費の金額に影響を及ぼす可能性があるからである。

作業屑評価額：20円/kg×50kg＝1,000円

(作　業　屑)	1,000	(仕　掛　品)	1,000

2．仕損費の計算および処理

(1) ＃1，＃1－1について

製造指図書＃1の製造中に仕損が発生したが，補修によって良品に回復できるため，補修指図書＃1－1に集計された原価を仕損費とする。

(仕　損　費)	27,500	(仕　掛　品)	27,500

当該仕損は，通常起こりうる程度の仕損であるため正常仕損であるが，特定製品の作業に起因して発生しており，また，第1製造部門の製造間接費予算には仕損費が算入されていない。よって，当該仕損費は直接経費処理法によって処理する。

(仕　掛　品)	27,500	(仕　損　費)	27,500

(2) ＃2，＃2－1について

製造指図書＃2の製品の全部が仕損となり，代品製造指図書＃2－1を発行して代品の製造を行った場合，元の製造指図書＃2に集計された原価から仕損品評価額を控除した額を仕損費とする。

(仕　損　品)	31,000	(仕　掛　品)	207,000
(仕　損　費)	176,000		

＊仕損費：207,000円－31,000円＝176,000円

当該仕損は，通常起こりえない作業上の事故による仕損のため，異常仕損とする。異常仕損費は発生部門に関係なく非原価として処理しなければならない。

(損　　益)	176,000	(仕　損　費)	176,000

(3)　＃3，＃3－1について

製造指図書＃3の製品の一部が仕損となり，代品製造指図書＃3－1を発行して代品の製造を行った場合，代品製造指図書＃3－1に集計された原価から仕損品評価額を控除した額を仕損費とする。

(仕　損　品)	9,000	(仕　掛　品)	30,000
(仕　損　費)	21,000		

＊仕損費：30,000円－9,000円＝21,000円

当該仕損は，通常起こりうる程度の仕損であるため正常仕損であるが，第2製造部門に固有の原因から発生しており，また，第2製造部門の製造間接費予算には仕損費が算入されている。よって，当該仕損費は間接経費処理法によって処理する。

(第2製造部門)	21,000	(仕　損　費)	21,000

3．勘定転記および製造指図書別原価計算表の記入

上記1．および2．の仕訳を関係諸勘定へ転記するとともに，製造指図書別原価計算表に記入する。原価計算表の備考欄には仕損費の処理を記入し，直接経費処理が行われた仕損費（27,500円）については，#1の製造原価に加算する。

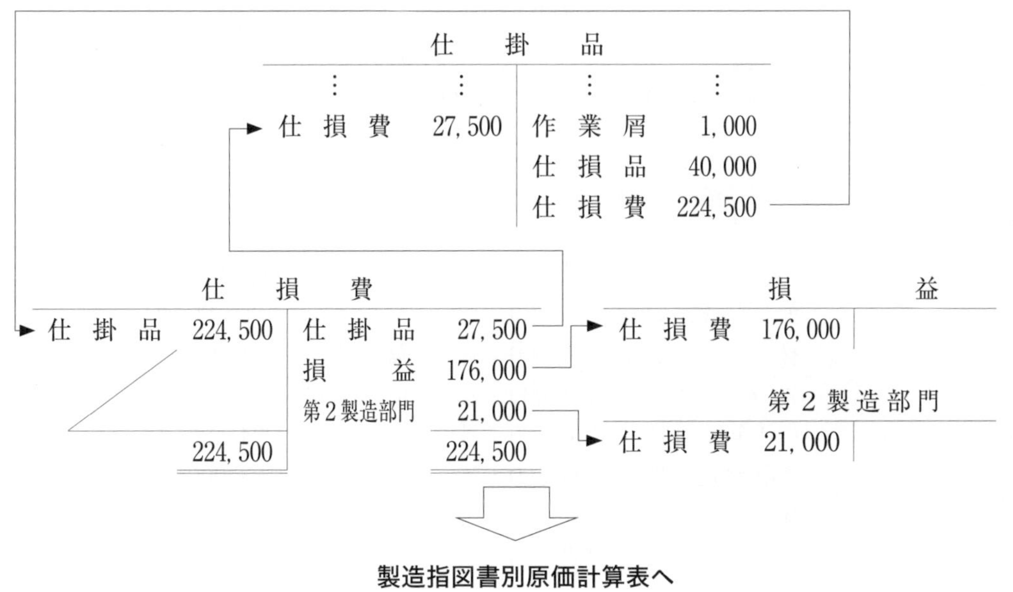

Theme 10 個別原価計算における仕損

（単位：円）

	#1	#1－1	#2	#2－1	#3	#3－1	合　計
（省　略）	（省　略）	（省　略）	（省　略）	（省　略）	（省　略）	（省　略）	（省　略）
計	192,500	27,500	207,000	215,000	134,000	30,000	806,000
作業屑評価額					△ 1,000		
仕損品評価額		——	△ 31,000			△ 9,000	
仕損費	27,500	△ 27,500	△ 176,000			△ 21,000	
合　計		0	0			0	
備　考		#1へ賦課	損益勘定へ			第2製造部門へ	

4．製品原価の算定

最後に，製造指図書別原価計算表に集計された金額を合計して表を完成させ，完成品原価と月末仕掛品原価を仕掛品勘定に記入する。省略した部分も含めて示すと次のようになる。

（単位：円）

	#1	#1－1	#2	#2－1	#3	#3－1	合　計
前月繰越	15,000	——	——	——	——	——	15,000
直接材料費	54,000	10,000	60,000	62,000	40,000	8,000	234,000
直接労務費	72,000	12,000	84,000	90,000	54,000	12,000	324,000
製造間接費							
第1製造部門	27,500	5,500	33,000	33,000	22,000	5,500	126,500
第2製造部門	24,000	——	30,000	30,000	18,000	4,500	106,500
計	192,500	27,500	207,000	215,000	134,000	30,000	806,000
作業屑評価額	——	——	——	——	△ 1,000	——	△ 1,000
仕損品評価額	——	——	△ 31,000	——	——	△ 9,000	△ 40,000
仕損費	27,500	△ 27,500	△ 176,000	——	——	△ 21,000	△ 197,000
合　計	220,000	0	0	215,000	133,000	0	568,000
備　考	完　成	#1へ賦課	損益勘定へ	完　成	仕掛中	第2製造部門へ	

仕　　掛　　品　　（単位：円）

前月繰越	15,000	製品	435,000
材料	234,000	作業屑	1,000
賃金・手当	324,000	仕損品	40,000
第1製造部門	126,500	仕損費	224,500
第2製造部門	106,500	次月繰越	133,000
仕損費	27,500		
	833,500		833,500

なお，本設例においては「仕損費」勘定を使用する処理を示しているが，「仕損費」勘定は省略される場合もある。このときは，仕損費の計算と処理をまとめて仕訳すればよい。

その結果，「仕損費」勘定を経由しないことから，仕掛品勘定の貸方には仕損費の処理項目が直接に記入される。直接経費処理分については振替額が仕訳の貸借で相殺されているため仕掛品勘定にはその金額は表れず，製造指図書別原価計算表上での処理だけになる。

なお，「仕損費」勘定を使用しない場合も製造指図書別原価計算表の記入は「仕損費」勘定を使用する場合と変わらない。

〈仕損費の計算〉

借方	金額	貸方	金額
(仕　損　品)	40,000	(仕　掛　品)	264,500
(仕　損　費)	224,500		

〈仕損費の処理〉

借方	金額	貸方	金額
(仕　掛　品)	27,500	(仕　損　費)	224,500
(損　　益)	176,000		
(第２製造部門)	21,000		

まとめて貸借を相殺

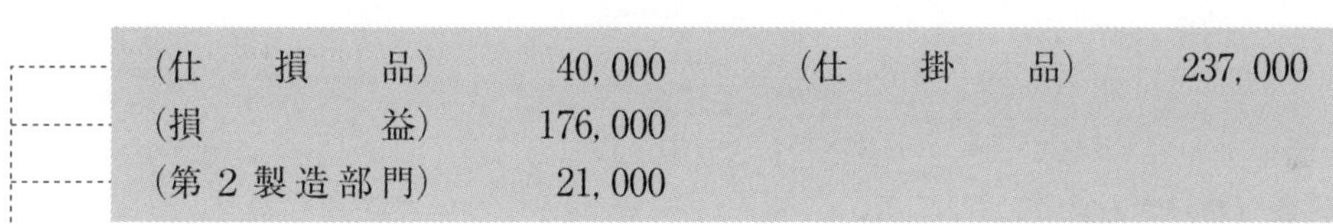

借方	金額	貸方	金額
(仕　損　品)	40,000	(仕　掛　品)	237,000
(損　　益)	176,000		
(第２製造部門)	21,000		

仕　掛　品　(単位：円)

借方	金額	貸方	金額
前月繰越	15,000	製　　品	435,000
材　　料	234,000	作業屑	1,000
賃金・手当	324,000	仕損品	40,000
第１製造部門	126,500	損　　益	176,000
第２製造部門	106,500	第２製造部門	21,000
		次月繰越	133,000
	806,000		806,000

借方にも仕損費が出てこない

付　録

日商簿記で使う算数と数学

1. 分数

⑴ 加算（たしざん）・減算（ひきざん）

① 分母が同じ分数同士のときは，分子同士をそのまま加算・減算する。

（例１）

そのまま加算

$$\frac{3}{7}+\frac{2}{7}=\frac{3+2}{7}=\frac{5}{7}$$

（例２）

そのまま減算

$$\frac{3}{7}-\frac{2}{7}=\frac{3-2}{7}=\frac{1}{7}$$

② 分母が違う分数同士のときは，分母の数を揃えてから分子同士を加算・減算する。

（例）

$$\frac{1}{3}+\frac{1}{2}=\frac{1\times 2}{3\times 2}+\frac{1\times 3}{2\times 3}$$

分母を６に揃える（通分）ためにそれぞれ２と３を掛ける。なお，分数の分母と分子に同じ数を掛けても，分数の大きさは変わらない。

$$=\frac{2}{6}+\frac{3}{6}=\frac{5}{6}$$

⑵ 乗算（かけざん）

分数同士の乗算は，分母同士，分子同士を掛ける。

（例）

$$\frac{1}{3}\times\frac{2}{5}=\frac{1\times 2}{3\times 5}=\frac{2}{15}$$

⑶ 除算（わりざん）

除算は，割る数の逆数（分子と分母を入れ替えた分数）を掛ける。

（例）

分子と分母を入れ替えて掛ける。

$$\frac{1}{3}\div\frac{2}{5}=\frac{1}{3}\times\frac{5}{2}=\frac{1\times 5}{3\times 2}=\frac{5}{6}$$

2. 歩合と百分率

割合を表す単位として，歩合（ぶあい）や百分率（ひゃくぶんりつ）などがある。

⑴ 歩合

通常，試合の勝率などを「○割（わり）○分（ぶ）○厘（りん）」のように表すが，これを歩合という。

「割」は分数で10分の１（小数で0.1），「分」は100分の１（0.01），「厘」は1,000分の１（0.001）を表す。

具体的には，試合の勝率で「５割４分１厘」を小数で表すと0.541となる。

⑵ **百分率**

百分率とは，％（パーセント）のことをいい，もとになるものを100等分した場合の割合を表したものをいう。

たとえば，空気中に含まれる窒素の割合はおよそ78％だが，これは，もとになる空気を100等分したうちのおよそ78の割合が窒素であることを表す。空気を１としたとき，窒素の割合を小数で表すと，およそ0.78となる。

⑶ **小数，分数，歩合，百分率の関係**

小数，分数，歩合，百分率を表にすると以下のようになる。

小　数	0.1	0.25	0.5
分　数	$\frac{1}{10}=\frac{10}{100}$	$\frac{1}{4}=\frac{25}{100}$	$\frac{1}{2}=\frac{5}{10}=\frac{50}{100}$
歩　合	1割	2割5分	5割
百分率	10%	25%	50%

3. 一次方程式

一次方程式は次のように解く。

⑴ **「25x－50=75」を解く。**

① 左辺の「－50」を右辺に移項する。このとき，符号の「－」は「＋」に変わる。

$$25x - 50 = 75$$

左辺から右辺へ移項

$$25x = 75 + 50$$

右辺を計算

$$25x = 125$$

①は，次のようにも計算できます。

$$25x - 50 = 75$$

両辺に50を加算

$$25x - 50 + 50 = 75 + 50$$

$$25x = 125$$

② 両辺を25で割って，xを求める。

両辺を25で割る

$$25x \div 25 = 125 \div 25$$

$$x = 5 \quad \cdots \text{（答）}$$

⑵ **「5－x=4(2－x)」を解く。**

① 右辺のカッコ（　）をはずす。

それぞれの項に掛ける。

$$5 - x = 4(2 - x)$$

$$5 - x = 4 \times 2 - 4 \times x$$

$$5 - x = 8 - 4x$$

② 右辺の－4xを左辺に移項する。

$$5 - x + 4x = 8$$

$$5 + 3x = 8$$

③ 左辺の5を右辺に移項する。

$$3x = 8 - 5$$

$$3x = 3$$

④ 両辺を3で割って，xを求める。

$$3x \div 3 = 3 \div 3$$

$$x = 1 \quad \cdots \text{（答）}$$

さくいん……Index

あ

か

さ

た

な

は

ま

や

ら

参考文献

「原価計算論」（廣本敏郎，挽文子　中央経済社）
「工業簿記の基礎」（廣本敏郎　税務経理協会）
「原価計算」（岡本清　国元書房）
「管理会計」（岡本清，廣本敏郎，尾畑裕，挽文子　中央経済社）
「管理会計の基礎知識」（岡本清編著　中央経済社）
「現代原価計算講義」（小林啓孝　中央経済社）
「企業行動と管理会計」（小林啓孝　中央経済社）
「棚卸資産会計」（番場嘉一郎　国元書房）
「経営原価計算論」（櫻井通晴　中央経済社）
「原価計算」（櫻井通晴　税務経理協会）
「管理会計」（櫻井通晴　同文館出版）
「間接費の管理」（櫻井通晴　中央経済社）
「管理会計学テキスト」（門田安弘編著　税務経理協会）
「現代原価計算論」（小林哲夫　中央経済社）
「原価計算用語辞典」（角谷光一編　同文館出版）
「企業会計」（中央経済社）

MEMO

よくわかる簿記シリーズ

合格テキスト　日商簿記１級工業簿記・原価計算Ⅰ　Ver. 8. 0

2001年12月10日　初　版　第１刷発行
2023年11月26日　第８版　第１刷発行
2024年11月22日　　　　　第２刷発行

編著者　ＴＡＣ株式会社（簿記検定講座）
発行者　多田敏男
発行所　ＴＡＣ株式会社　出版事業部（ＴＡＣ出版）
〒101－8383
東京都千代田区神田三崎町３－２－18
電話 03（5276）9492（営業）
FAX 03（5276）9674
https://shuppan. tac-school. co. jp
組版　朝日メディアインターナショナル株式会社
印刷　株式会社ワコー
製本　株式会社常川製本

ISBN 978－4－300－10662－4
N.D.C. 336

乱丁・落丁による交換，および正誤のお問合せ対応は，該当書籍の改訂版刊行月末日までといたします。なお，交換につきましては，書籍の在庫状況等により，お受けできない場合もございます。
また，各種本試験の実施の延期，中止を理由とした本書の返品はお受けいたしません。返金もいたしかねますので，あらかじめご了承くださいますようお願い申し上げます。

簿記検定講座のご案内

選べる学習メディアでご自身に合うスタイルでご受講ください！

通学講座

3級コース　3・2級コース　2級コース　1級コース　1級上級コース

 教室講座

通って学ぶ

定期的な日程で通学する学習スタイル。常に講師と接することができるという教室講座の最大のメリットがありますので、疑問点はその日のうちに解決できます。また、勉強仲間との情報交換も積極的に行えるのが特徴です。

ビデオブース講座

通って学ぶ　予約制

ご自身のスケジュールに合わせて、TACのビデオブースで学習するスタイル。日程を自由に設定できるため、忙しい社会人に人気の講座です。

直前期教室出席制度
直前期以降、教室受講に振り替えることができます。

無料体験入学　ご自身の目で、耳で体験し納得してご入学いただくために、無料体験入学をご用意しました。

無料講座説明会　もっとTACのことを知りたいという方は、無料講座説明会にご参加ください。

無　料

予約不要※

※ビデオブース講座の無料体験入学は要予約。
無料講座説明会は一部校舎では要予約。

通信講座

3級コース　3・2級コース　2級コース　1級コース　1級上級コース

 Web通信講座

見て学ぶ

教室講座の生講義をブロードバンドを利用し動画で配信します。ご自身のペースに合わせて、24時間いつでも何度でも繰り返し受講することができます。また、講義動画はダウンロードして2週間視聴可能です。有効期間内は何度でもダウンロード可能です。

※Web通信講座の配信期間は、お申込コースの目標月の翌月末までです。

TAC WEB SCHOOL ホームページ
URL https://portal.tac-school.co.jp/

※お申込み前に、左記のサイトにて必ず動作環境をご確認ください。

DVD通信講座

見て学ぶ

講義を収録したデジタル映像をご自宅にお届けします。講義の臨場感をクリアな画像でご自宅にて再現することができます。

※DVD-Rメディア対応のDVDプレーヤーでのみ受講が可能です。
パソコンやゲーム機での動作保証はいたしておりません。

資料通信講座（1級のみ）

テキスト・添削問題を中心として学習します。

Webでも無料配信中！　スマホ タブレット　パソコン

「TAC動画チャンネル」

- **講座説明会**　※収録内容の変更のため、配信されない期間が生じる場合がございます。
- **1回目の講義（前半分）が視聴できます**

詳しくは、TACホームページ
「TAC動画チャンネル」をクリック！

TAC動画チャンネル　簿記　検索

コースの詳細は、簿記検定講座パンフレット・TACホームページをご覧ください。

パンフレットの
ご請求・お問い合わせは、
TACカスタマーセンターまで

通話無料　0120-509-117（ゴウカク イイナ）

受付時間　月～金 9:30～19:00
土・日・祝 9:30～18:00
※携帯電話からもご利用になれます。

TAC簿記検定講座
ホームページ
TAC 簿記　検索

簿記検定講座

お手持ちの教材がそのまま使用可能！
【テキストなしコース】のご案内

TAC簿記検定講座のカリキュラムは市販の教材を使用しておりますので、こちらのテキストを使ってそのまま受講することができます。独学では分かりにくかった論点や本試験対策も、TAC講師の詳しい解説で理解度も120％UP！ 本試験合格に必要なアウトプット力が身につきます。独学との差を体感してください。

左記の各メディアが【テキストなしコース】でお得に受講可能！

こんな人にオススメ！

- **テキストにした書き込みをそのまま活かしたい！**
- **これ以上テキストを増やしたくない！**
- **とにかく受講料を安く抑えたい！**

※お申込前に必ずお手持ちのバージョンをご確認ください。場合によっては最新のものに買い直していただくことがございます。詳細はお問い合わせください。

お手持ちの教材をフル活用!!

合格テキスト

合格トレーニング

TAC出版 書籍のご案内

TAC出版では、資格の学校TAC各講座の定評ある執筆陣による資格試験の参考書をはじめ、資格取得者の開業法や仕事術、実務書、ビジネス書、一般書などを発行しています！

TAC出版の書籍

＊一部書籍は、早稲田経営出版のブランドにて刊行しております。

資格・検定試験の受験対策書籍

- 日商簿記検定
- 建設業経理士
- 全経簿記上級
- 税　理　士
- 公認会計士
- 社会保険労務士
- 中小企業診断士
- 証券アナリスト
- ファイナンシャルプランナー(FP)
- 証券外務員
- 貸金業務取扱主任者
- 不動産鑑定士
- 宅地建物取引士
- 賃貸不動産経営管理士
- マンション管理士
- 管理業務主任者
- 司法書士
- 行政書士
- 司法試験
- 弁理士
- 公務員試験(大卒程度・高卒者)
- 情報処理試験
- 介護福祉士
- ケアマネジャー
- 電験三種　ほか

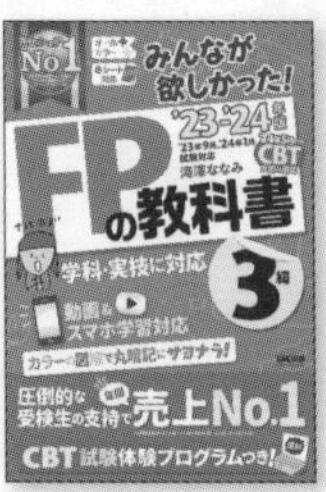

実務書・ビジネス書

- 会計実務、税法、税務、経理
- 総務、労務、人事
- ビジネススキル、マナー、就職、自己啓発
- 資格取得者の開業法、仕事術、営業術

一般書・エンタメ書

- ファッション
- エッセイ、レシピ
- スポーツ
- 旅行ガイド（おとな旅プレミアム/旅コン）

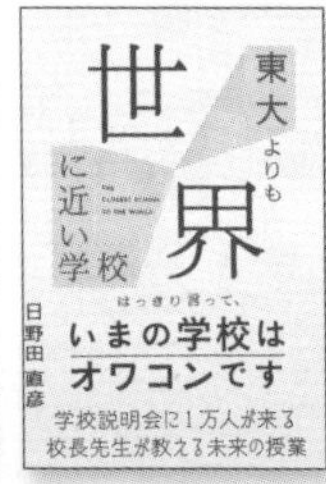

TAC出版

(2024年2月現在)

書籍のご購入は

1 全国の書店、大学生協、ネット書店で

2 TAC各校の書籍コーナーで

資格の学校TACの校舎は全国に展開!
校舎のご確認はホームページにて

資格の学校TAC ホームページ
https://www.tac-school.co.jp

3 TAC出版書籍販売サイトで

CYBER BOOK STORE TAC出版書籍販売サイト

24時間 ご注文 受付中

TAC 出版 で 検索

https://bookstore.tac-school.co.jp/

新刊情報を いち早くチェック!

たっぷり読める 立ち読み機能

学習お役立ちの 特設ページも充実!

TAC出版書籍販売サイト「サイバーブックストア」では、TAC出版および早稲田経営出版から刊行されている、すべての最新書籍をお取り扱いしています。
また、会員登録(無料)をしていただくことで、会員様限定キャンペーンのほか、送料無料サービス、メールマガジン配信サービス、マイページのご利用など、うれしい特典がたくさん受けられます。

サイバーブックストア会員は、特典がいっぱい! (一部抜粋)

通常、1万円(税込)未満のご注文につきましては、送料・手数料として500円(全国一律・税込)頂戴しておりますが、1冊から無料となります。

専用の「マイページ」は、「購入履歴・配送状況の確認」のほか、「ほしいものリスト」や「マイフォルダ」など、便利な機能が満載です。

メールマガジンでは、キャンペーンやおすすめ書籍、新刊情報のほか、「電子ブック版TACNEWS(ダイジェスト版)」をお届けします。

書籍の発売を、販売開始当日にメールにてお知らせします。これなら買い忘れの心配もありません。

日商簿記検定試験対策書籍のご案内

TAC出版の日商簿記検定試験対策書籍は、学習の各段階に対応していますので、あなたのステップに応じて、合格に向けてご活用ください！

3タイプのインプット教材

1

簿記を専門的な知識にしていきたい方向け

満点合格を目指し 次の級への土台を築く

「合格テキスト」

「合格トレーニング」

- 大判のB5判、3級～1級累計300万部超の、信頼の定番テキスト&トレーニング！TACの教室でも使用している公式テキストです。3級のみオールカラー。
- 出題論点はすべて網羅しているので、簿記をきちんと学んでいきたい方にぴったりです！

◆3級　□2級 商簿、2級 工簿　■1級 商・会 各3点、1級 工・原 各3点

2

スタンダードにメリハリつけて学びたい方向け

教室講義のような わかりやすさでしっかり学べる

「簿記の教科書」

「簿記の問題集」

滝澤 ななみ 著

- A5判、4色オールカラーのテキスト(2級・3級のみ)&模擬試験つき問題集！
- 豊富な図解と実例つきのわかりやすい説明で、もうモヤモヤしない!!

◆3級　□2級 商簿、2級 工簿　■1級 商・会 各3点、1級 工・原 各3点

3

気軽に始めて、早く全体像をつかみたい方向け

初学者でも楽しく続けられる！

「スッキリわかる」

テキスト／問題集一体型

滝澤 ななみ 著（1級は商・会のみ）

- 小型のA5判(4色オールカラー)によるテキスト／問題集一体型。これ一冊でOKの、圧倒的に人気の教材です。
- 豊富なイラストとわかりやすいレイアウト！かわいいキャラの「ゴエモン」と一緒に楽しく学べます。

◆3級　□2級 商簿、2級 工簿

■1級 商・会 4点、1級 工・原 4点

「スッキリうかる本試験予想問題集」

滝澤 ななみ 監修　TAC出版開発グループ 編著

- 本試験タイプの予想問題9回分を掲載

◆3級　□2級

コンセプト問題集

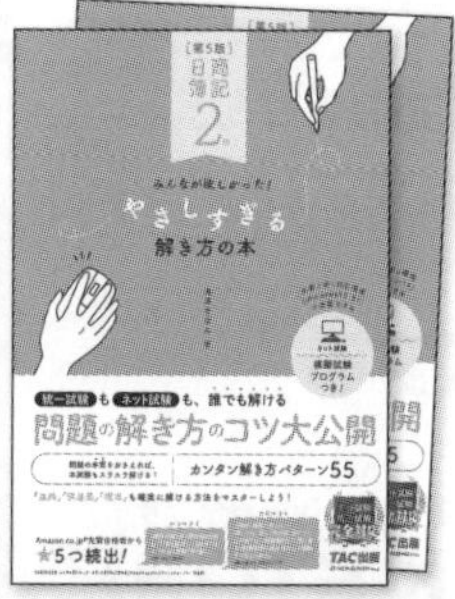

得点力をつける!

『みんなが欲しかった! やさしすぎる解き方の本』 

B5判　滝澤 ななみ 著

- 授業で解き方を教わっているような新感覚問題集。再受験にも有効。

◆3級　□2級

本試験対策問題集

本試験タイプの問題集

『合格するための本試験問題集』
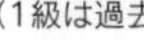
（1級は過去問題集）

B5判

- 12回分（1級は14回分）の問題を収載。ていねいな「解答への道」、各問対策が充実
- 年２回刊行。

◆3級　□2級　■1級

知識のヌケをなくす!

『まるっと完全予想問題集』 
（1級は網羅型完全予想問題集）

A4判

- オリジナル予想問題（3級10回分、2級12回分、1級8回分）で本試験の重要出題パターンを網羅。
- 実力養成にも直前の本試験対策にも有効。

◆3級　□2級　■1級

直前予想

『○年度試験をあてる TAC予想模試 ＋解き方テキスト ○～○月試験対応』 
（1級は第○回試験をあてるTAC直前予想模試）

A4判

- TAC講師陣による４回分の予想問題で最終仕上げ。
- 2級・3級は、第1部解き方テキスト編、第2部予想模試編の2部構成。
- 年3回（1級は年2回）、各試験に向けて発行します。

◆3級　□2級　■1級

あなたに合った合格メソッドをもう一冊!

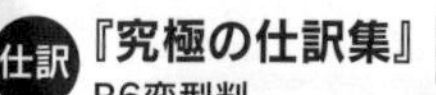
仕訳 **『究極の仕訳集』**

B6変型判

- 悩む仕訳をスッキリ整理。ハンディサイズ、一問一答式で基本の仕訳を一気に覚える。

◆3級　□2級

仕訳 **『究極の計算と仕訳集』**

B6変型判　境 浩一朗 著

- 1級商会で覚えるべき計算と仕訳がすべてつまった１冊!

■1級 商・会

理論 **『究極の会計学理論集』**

B6変型判

- 会計学の理論問題を論点別に整理、手軽なサイズが便利です。

■1級 商・会、全経上級

電卓 **『カンタン電卓操作術』**

A5変型判　TAC電卓研究会 編

- 実践的な電卓の操作方法について、丁寧に説明します!

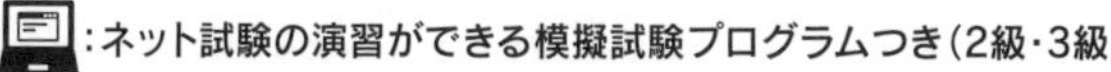
:ネット試験の演習ができる模擬試験プログラムつき（2級・3級）

:スマホで使える仕訳Webアプリつき（2級・3級）

・2024年２月現在　・刊行内容、表紙等は変更することがあります　・とくに記述がある商品以外は、TAC簿記検定講座編です

書籍の正誤に関するご確認とお問合せについて

書籍の記載内容に誤りではないかと思われる箇所がございましたら、以下の手順にてご確認とお問合せをしてくださいますよう、お願い申し上げます。

なお、正誤のお問合せ以外の**書籍内容に関する解説および受験指導などは、一切行っておりません。**

そのようなお問合せにつきましては、お答えいたしかねますので、あらかじめご了承ください。

1 「Cyber Book Store」にて正誤表を確認する

TAC出版書籍販売サイト「Cyber Book Store」のトップページ内「正誤表」コーナーにて、正誤表をご確認ください。

CYBER BOOK STORE TAC出版書籍販売サイト

URL:https://bookstore.tac-school.co.jp/

2 1の正誤表がない、あるいは正誤表に該当箇所の記載がない ⇒ 下記①、②のどちらかの方法で文書にて問合せをする

★ご注意ください★

お電話でのお問合せは、お受けいたしません。

①、②のどちらの方法でも、お問合せの際には、「お名前」とともに、

「対象の書籍名（○級・第○回対策も含む）およびその版数（第○版・○○年度版など）」

「お問合せ該当箇所の頁数と行数」

「誤りと思われる記載」

「正しいとお考えになる記載とその根拠」

を明記してください。

なお、回答までに１週間前後を要する場合もございます。あらかじめご了承ください。

① ウェブページ「Cyber Book Store」内の「お問合せフォーム」より問合せをする

【お問合せフォームアドレス】

https://bookstore.tac-school.co.jp/inquiry/

② メールにより問合せをする

【メール宛先　TAC出版】

syuppan-h@tac-school.co.jp

※土日祝日はお問合せ対応をおこなっておりません。

※正誤のお問合せ対応は、該当書籍の改訂版刊行月末日までといたします。

乱丁・落丁による交換は、該当書籍の改訂版刊行月末日までといたします。なお、書籍の在庫状況等により、お受けできない場合もございます。

また、各種本試験の実施の延期、中止を理由とした本書の返品はお受けいたしません。返金もいたしかねますので、あらかじめご了承くださいますようお願い申し上げます。

TACにおける個人情報の取り扱いについて

■お預かりした個人情報は、TAC（株）で管理させていただき、お問合せへの対応、当社の記録保管にのみ利用いたします。お客様の同意なしに業務委託先以外の第三者に開示、提供することはございません（法令等により開示を求められた場合を除く）。その他、個人情報保護管理者、お預かりした個人情報の開示等及びTAC（株）への個人情報の提供の任意性については、当社ホームページ（https://www.tac-school.co.jp）をご覧いただくか、個人情報に関するお問い合わせ窓口（E-mail:privacy@tac-school.co.jp）までお問合せください。

（2022年7月現在）